01

회사에서 나만 그래?

언니들이
알려주는
조직생활
노하우
26

〈언니들의 슬기로운 조직생활〉 지음

콜라주

차 례

이 책 활용법

어떤 책이냐 하면

『회사에서 나만 그래?』는 팟캐스트 〈언니들의 슬기로운 조직생활〉(이하 〈언슬조〉)의 여섯 멤버가 인생과 커리어를 한 단계씩 밟아나가면서 누구나 한 번쯤은 고민하게 되는 문제들에 대해 각자의 목소리로 써내려간 가이드북이다. 조직생활을 하는 사람이라면 궁금할 법한 질문들을 모두 모아, 회사를 다니며 물어볼 곳이 없어 막막하기만 한 여자 직장인들에게 최선의 답을 해주려 했다.

누가 썼느냐 하면

김부장, 신차장, 이과장, 문대리, 박사원, 박PD가 각자 가장 잘 말할 수 있는 질문에 답을 하고, 때로는 참견으로 의견을 덧붙였다. 비록 하나의 고민이 한 사람의 이름으로 쓰였지만, 4년간 수많은 직장인들의 숱한 사연에 답하면서 사원부터 부장까지 머리를 맞대고 함께 고민한 흔적을 모든 챕터에서 엿볼 수 있다.

이런 사람이라면

- 상사에게 어떻게 맞춰야 할지 몰라 막막한 사원과 대리
- 도통 말을 못 알아먹는 아래 직원과 뜬구름 잡는 소리만 해대는 부장 사이에 끼어 있는 과장과 차장
- 결정할 게 많아 힘들어 죽겠는데, 뭐가 불만인지 도무지 모르겠는 팀원들을 끌고 가야 하는 부장
- 조직을 상대로 일하는 프리랜서
- 입사는 했지만 계속 진로가 고민되는 직장인

어떻게 읽느냐 하면

일을 하면서 위기가 닥쳤을 때 차례를 보며 자신에게 필요한 내용을 골라 읽는다. 각 장에 있는 QR코드를 통해 관련 방송도 들어볼 수 있다. 이 책은 조직 안에서는 크고 작은 문제들을 지혜롭게 대처하는 데 인사이트를, 조직 밖에서는 홀로 우뚝 서도 두렵지 않게 응원을, 개인의 삶에서는 인생을 거침없이 걸어갈 수 있도록 힘을 줄 것이다.

"우리는 결코 혼자가 아니다.
여자들은 이 사회와 조직, 어디에나 있고
모두 연결되어 있다."

잘난년들이
활개 치는
세상을 위하여!

2017년 세밑 겨울, 독서모임에서 만난 여섯 명의 여자들은 창밖으로 눈발이 날리는 낡은 골뱅이집에서 맥주를 한잔했다. 그날의 수다는 정글 같은 조직에서 여자들이 부딪히는 편견에 관한 것이었다. 상사들은 여전히 '미스김'과 '부르스' 추던 시대에 살고 있었으며, 여자 할일 남자 할일은 따로 있었다. 꼰대 상사와 말 안 듣는 후배, 정치하는 남자들과 그 틈에서 살아남는 이야기들은 저마다 다르면서 비슷했다. 그러다 여자들이 이토록 편하게 직장 이야기를 서로 나눈 적이 있었나 문득 생각했다.

재미있는 사실은 부장, 차장, 과장, 대리, 사원이 함께 있었다는 것이다. 우리는 직급별로 모인 여자들끼리 직장 이야기를 가감 없이 토론하는 만담 대잔치를 재미 삼아 기획해보기로 했다. 이름하여 '언니들의 슬기로운 조직생활', 모토는 '잘난년들이 활개 치는 세상을 위하여!'라고.

이 사람은 직장 경력 20년 차 김부장이다.

자본주의의 꽃이라는 애널리스트로 10여 년을 지냈고 한때 모두가 선망하는 투자은행에서 임원까지 지내며 빠른 속도로 승승장구했던 화려한 경력의 소유자다.

대기업에서 전략기획 업무를 거쳐 다시 금융업계로 돌아와 투자 업무를 하고 있으며, 꼬꼬마 시절에는 반항아였으나 지금은 행여 꼰대가 되지 않을까 노심초사하고 있다.

이 사람은 직장 경력 16년 차 신차장이다.

비서로 사회생활을 시작했으나 7년 후 업을 바꾸기로 결심하고 영업으로 커리어를 전환한 특이한 이력을 갖고 있다. 직장에선 워라밸을 중요하게 여기고 무엇보다 여자에겐 운동이 필요하다는 신념을 갖고 있다. 현재는 결혼 후, 육아와 일을 병행하고 있는 워킹맘이다.

직장생활 14년 차 이과장은 금융계 대기업 중간관리자다. 커피&카피로 첫 회사의 업무를 시작했고, 여자를 '여직원'으로만 보는 회사에서 1년을 보내고 이직을 결심, 그후 이직만 다섯 번을 감행하는 프로 이직러가 됐다. 다양한 회사를 경험한 후 지금은 모 금융사에서 과장으로 일하고 있다. 후회로 과거에 머무를까봐 불안이 미래를 향할까봐, 평범하지만 하루하루, 열심히 살아가는 게 모토다.

직장 10년 차 문대리는 건설 관련 업계에서 근무 중이다. 처음엔 남자는 공사, 여자는 설계로 남녀 업무가 암묵적으로 분리된 것을 보고, 단단히 마음먹고 현장에 자주 나갔다고 한다. 꾸준히 현장에 있는 이미지를 어필해 결국 큰 프로젝트의 공사 업무를 맡기도 했다. 하지만 쌓이는 경력에도 불구하고 남자에게 우선적으로 주어지는 승진의 벽에 번번이 가로막히기도 했다. 심리학에 관심이 많고 책을 많이 읽어 종종 언니들에게 현명한 조언을 한다.

직장생활 7년 차 박사원은 90년생이다.

상명하복식 조직문화와 술, 골프 하는 아저씨들이 가득한 한국 대기업의 보수적인 문화에 숨이 막혀 1년 만에 퇴사를 한다. 후에 외국계 IT기업으로 재입사하며 탈조선을 꿈꾼다. '아저씨 문화' 속에서 '나이 어린 여자'로 영업을 뛰며 사회를 경험해본 후, 개성이 강하고 활발한 네트워킹을 좋아하는 자신과 보다 핏(fit)이 맞는 사회를 향해 미국으로 날아간다. 현재는 실리콘밸리에 안착해서 UX디자이너로 일하고 있다.

박PD는 프리랜서 생활만 15년 차다.

영화 스태프부터 방송 콘티작가, 모션 디자이너까지 꽤나 다양한 필드를 누볐다. 몸값 책정하기, 클라이언트 상대하기, 사업자 내고 계약서 쓰기까지, 아직도 서투른 티를 벗지 못하지만 나름의 시행착오를 통해 성장해가는 마감 노동자다. 하고 싶은 일로 먹고살기 위한 방법을 찾고 있다.

조직은 흔히 남자들의 판으로 여겨지고

여자들은 가려져 보이지 않는다.

하지만 여자들은 어디에나 있다.

직장에서 눈에 띄지 않는 수많은 언니들,

어디에 숨어 다들 일하고 있을까?

여자들이 조직에서,

사회에서 부딪히는 이런저런 문제들,

함께 모이면 풀 수 있지 않을까?

이제,

우리의 이야기를

시작해보려 한다.

Q01

일을 잘하려면 대체 어떻게 해야 하나요?

팟캐스트 26화

질문만 잘해도 기본은 간다

_박PD

어느 IT기업의 홍보영상을 의뢰받았을 때, 감당할 수 없는 일을 붙들고 끙끙댄 적이 있다. 클라우드 서비스 관련 콘텐츠 기획안을 작성해야 했는데, 하나부터 열까지 모르는 것투성이였다. 누군가 말했던가, 어설프게 아는 게 더 위험하다고. 내가 바로 그 꼴이었다. 모르는 게 무엇인지를 모르니 이것저것 찾아보다 시간만 끌기 일쑤였고, 결국 마감 기한을 넘겨버렸다. 당연히 파트너에게 클레임이 들어와 불편한 소리를 들어야만 했다. 하지만 그중에도 기억에 남는 충고가 있었다.

"다음부터 헤매는 부분이 있으면 빨리빨리 알려주세요."

내가 헤매는 모습을 누군가에게 보이는 데에는 사실 용기가 필요했다. 결국 IT업계 마케터로 일하는 친구를 불러 커피와 디저트를 대접하며 도움을 구했다. 척척 답변할 줄 알았는데 그 친구의 대답은 이랬다. "A는 알지만 B는 솔직히 모르고, C는 찾아봐야 하고, D는 처음 보는 거야." 그때 깨달았다. 모르는 것은 부끄러운 게 아니며 내가 모르는 부분에 대해 말할 수 있다는 건 이미 상당히 아는 경지임을. 하긴, 이 분야는 온통 외계어투성이인데 왜 당연히 모든 걸 알아야 한다고 생각했을까?

의욕 뿜뿜인 초년생 때는 시키는 일은 다 잘하고 싶고, 뭔가를 보여줘야 한다는 생각에 휩싸이기도 한다. 뭔가를 모른다고 말하면 "그것도 모르니"라는 소릴 들을 것만 같고, 헤매고 있으면 일을 못하는 것 같다. 하지만 그럴 때 일을 가장 잘할 수 있는 방법은 즉각 주위에 도움을 구하는 것이다. 내가 헤맨다는 걸 밝히는 일이다.

〈언슬조〉 멤버들끼리 "일을 잘하려면 뭐가 필요할까"라는 이야기를 나누었을 때, 하나같이 입을 모았던 덕목은 바로 '커뮤니케이션'이었다. 조직은 여러 사람이 함께 일하는 곳이며, 일을 잘할 수도 있고 못할 수도 있다. 하지만 나의 상황을 제때 알리고 필요한 요청을 적시에 하는 일만큼 팀워크에서 중요한 것은 없다.

〈언슬조〉 멤버 중 신차장이 털어놓은 경험은 인상적이다. 상부에 보고해야 할 기간이 이틀 남았는데 부하직원이 감감무소식인 적이 있었다. "언제 되나요?"라고 물어보는 것도 한두 번. 괜히 재촉하는 것 같아 불편해서 더이상 물어보지 않고 기다렸다고 한다. 결국 마감 기간이 임박해서 부하직원이 결과물을 가져왔는데, 몰라서 헤맨 흔적이 가득했다. 당연히 내용은 신통찮았다. 당시 신차장이 바랐던 것은 한 가지였다. 모르면 모른다, 헤매면 헤맨다고 일찍 알려줬으면 자신이 빈틈을 메꿨을 것 아닌가. 가장 곤란한 상황은 모르는 것을 오래 붙들다가 마감 직전에 불완전한 결과물을 가져오는 것이다. 그러면 상사 입장에선 고칠 시간도 없다.

내가 혼자 아무리 열심히 해도 커뮤니케이션이 원활하지 않으면 전체 프로세스를 그르치는 결과를 초래하게 된다. 상사는 잘하는지 못하는지 검사하는 존재가 아니라, 함께 일하는 존재다. 신차장은 상사의 입장에서 부하직원이 역량이 안 되는 부분을 투명하게 공유하길 바란다. 그래야 부족한 부분을 요령 있게 해결할 수 있으니까. 하지만 사회 초년생 때는 어떤 일에 미숙하거나 잘 알지 못한다는 사실을 밝히면, 마치 일을 못하는 사람처럼 비칠까 겁이 난다. 그래서 잘 물어보지 못하고, 도움도 요청하지 못한다.

하지만 모르는 것과 부족한 부분이 있는 것은 당연하다. 나의 부족함을 알리는 것은 함께 일하는 사람들이 다 같이 좋은 결과를 내도록 하는 데 도움이 된다. 모른다는 것, 늦는다는 것, 할 수 없다는 것, 도움이 필요하다는 것. 말하기 불편한 것들을 말하는 연습을 잊지 말자.

먼저 최선을 다했는지 점검해보세요.
그러고 나서 어떤 부분을 도와줬으면 한다고
구체적으로 말하면 더 좋겠죠.

일을 잘하는 것의 절반은
성의 있는 마음과 태도에서 온다고 봐요.
상대방 입장에서 생각하는 거죠.
단, 호구 취급당할 수 있으니 주의!

Q02

일하면서 생기는 갈등이 너무 두려워요. 피하고만 싶은데 어떻게 하면 좋을까요?

팟캐스트 141화

일잘러가 되고 싶다면 욕먹는 것쯤이야

_ 박사원

사면초가가 따로 없었다. 대학을 졸업하고 입사한 첫 회사에는 매일 등줄기에 땀이 마를 일이 없었다. 제조업 회사의 해외영업팀이었는데, 깐깐하기로 소문난 초대형 고객을 담당하고 있어 조금의 실수도 용납되지 않았다. 살얼음판 같은 분위기에 부장, 과장, 대리 모두 여유가 없었다. 사원 0년 차였던 나는 모르는 것투성이였는데, 용기를 내어 과장님께 쭈뼛쭈뼛 들고 가면, "박사원, 이따가"라는 대답에 입도 뻥긋 못 하고 슬금슬금 자리로 돌아오기 일쑤였다. 몰라서 못 하고, 질문도 못 하고, 애꿎은 문서창만 자꾸 열었다 닫았다를 반복했다. 답답하기 짝이 없었다.

그러던 어느 날, 공장 라인에 이슈가 생겨 설비가 잠시 다운됐다는 연락이 왔다. 고객과 약속한 생산량에 차질이 생길 수도 있는 문제였기 때문에 공장은 빠른 대응을 요청했다. 다른 팀원들은 자리를 비운 상태였고, 과장님은 미팅 준비에 여념이 없었다. 안 그래도 정신없어 보이는 과장님을 건드렸다가는 또 눈치 없다고 욕을 먹을 게 분명해 보였다. 일단 미팅이 끝난 뒤에 보고해야겠다 생각하고 잠자코 기다리기로 했다.

그런데 30분이면 끝나야 하는 미팅이 한 시간, 한 시간 30분이나 지연됐고, 공장에서는 왜 빨리 답을 주지 않느냐는 전화가 빗발쳤다. 나는 식은땀을 흘리며 연거푸 "죄송합니다, 조금만 기다려주세요"라는 말만 반복했다. 욕이란 욕은 다 먹으며 과장님이 들어간 회의실의 문이 열리기만을 눈 빠지게 기다렸다. 그렇게 영겁 같은 시간이 흘러, 마침내 진이 다 빠진 모습으로 회의실에서 나오는 과장님이 보였다. 나는 잽싸게 달려가 상황을 전달했다.

"사실 아까 한 시간 반 전에 공장 라인이 다운됐는데요…."

"…뭐?"

"공장 라인이 다운돼서 빨리 대응해달라고…."

"그걸 왜 지금 말해?"

"아니, 아까 너무 바빠 보이시길래…."

"박사원, 물동 못 맞추면 박사원이 책임질 거야?! 진즉에 얘기 안 하고 뭐했어!"

주변에 열 명이 있다면, 한 명은 나를 좋아하고, 일곱은 무관심하고, 둘은 나를 싫어한다는 말이 있다. 회사에는 너무나 많은 협업부서가 있기 때문에 갈등이 생기는 게 다반사다. 일이란 여러 사람의 협업으로 이뤄지기 때문에 하다보면 필요에 따라서 당연히 싫은 소리를 들을 수도 있다. 내가 신경쓴 것은 열 명의 사람 그 누구에게서도 싫은 소리를 듣고 싶지 않았다는 점이다. 그것이 역설적으로 모두에게 한소리를 듣는 결과를 낳았다.

물론 조직에서 싫은 소리를 듣는 건 정말 유쾌하지 않은 경험이고, 해외영업팀이 일하기 쉽지 않은 환경이었던 것도 맞다. 그러나 나는 과장님에게 왜 귀찮게 하느냐고 한소리 듣더라도 "바쁘신 거 아는데, 지금 공장 라인이 다운됐다고 해서요. 금일 물동 계획에 차질이 있을 것 같은데, 다른 날 추가 생산이 가능할지 재고랑 인력을 확인해볼까요?"라고 미팅 전에 물어봤어야 했다. 그러면 '바빠 죽겠는 사람한테…'라며 이러쿵저러쿵 볼멘소리는 들을지언정, 공장과 과장님 모두에게 욕먹는 상황은 피할 수 있었을 것이다.

슬프게도 직장생활에서 모든 잡음을 제어할 수는 없다. 욕을 안 먹을 수 없다면, 어떤 욕에 반응하고 어떤 욕은 무시해야 할까. 회사에서 욕을 먹는 이유는 크게 네 가지다. 첫째, 일을 잘 못해서. 둘째, 상대방에게 귀찮거나 어려운 요청을 해서. 셋째, 상냥하게 굴지 않아서. 넷째, 욕을 많이 하는 유해한 조직문화가 팽배한 회사에 다녀서. 이중에서 신경써야 할 것은 첫번째다. 나 역시 경력이 쌓이면서 이 점을 뼈저리게 느꼈다. 욕먹을까 두려워 말을 안 하는 것보다, 말을 안 해서 일을 그르치는 게 훨씬 중죄(?)라는 걸 말이다. 다른 사람에게 핀잔 듣는 걸 면하자고 의사소통을 미루면 후폭풍이 되어 더 큰 문제로 돌아올 수 있다. 결국 판단 기준은 '욕을 먹느냐, 안 먹느냐'가 아니라 '일이 진행되도록 하는 행동이냐, 아니냐'다.

미국에서 디자인 인턴십을 할 때의 경험담이다. 인턴십 첫 주, 부푼 가슴을 안고 인턴 프로젝트를 들고 엔지니어들과 첫 미팅에 들어갔다. 당연히 엔지니어들도 프로젝트를 이미 알고 있는 상태였고, 협조적일 거라는 기대가 있었다. 매니저가 미리 정해준 프로젝트였기 때문이다. 야심차게 자료를 준비해서 두근대는 마음으로 프로젝트를 소개했는데, 고참 엔지니어가 시큰둥한 표정으로 입을 떼며 한마디 던졌다.
"그 프로젝트, 개발될지 모르겠는데?"

예상치 못한 대답에 나는 당황했다. 보통 제품은 개발을 전제로 디자인을 한다. 그러나 우선순위에 밀리거나 중요하지 않은 프로젝트는 개발이 되지 않기도 한다. 매니저가 준 프로젝트가 개발 대상조차 아니라는 생각에 약간 충격을 받았다.

비록 인턴이긴 하지만, 나는 인턴십 기간 동안 팀에 최대로 기여하고 임팩트를 보여주고 싶었다. 그래서 더 중요한 프로젝트를 하고 싶은 마음이었다. 매니저가 고심해서 줬을 프로젝트에 문제를 제기했다가 혹여 괘씸죄로 욕을 먹는 건 아닐까 걱정이 됐다. 인턴인데 월권한다고 생각하는 건 아닐까. 하지만 '지금 얘기를 꺼내지 않으면 나도 헛수고를 하고 팀도 인력을 낭비하겠구나'라는 생각이 더 컸다. 한 번뿐인 인턴십에 후회를 남기고 싶지 않았다.

고민 끝에 매니저에게 어렵게 말을 꺼냈다. 엔지니어들과 협업을 도모할 수 있는, 더 의미 있는 프로젝트를 하고 싶다고 얘기했다. 놀랍게도 매니저는 비난은커녕, 오히려 내 제안에 고마워했다. 엔지니어의 생각이 그런지 몰랐다며, 알려줘서 고맙다는 말과 함께 팀에 가장 도움이 되는 프로젝트를 직접 정하도록 기회를 주었다. 덕분에 엔지니어와의 합의를 통해 우선순위가 더 높은 프로젝트를 담당할 수 있었다. 이후 엔지니어와의 협업이 수월했음은 물론, 우선순위가 높은 프로젝트를 했기 때문에 내 일의 파급력도 더욱 커졌다. 결과적으로 높은 기여도를 인정받아 좋은 평가를 받을 수 있었다.

만약 내가 매니저에게 욕을 먹을까 두려워 문제 제기를 하지 않았다면 어땠을까? 성과도 만들지 못했을 뿐만 아니라 지나고 나서 계속 후회했을 것이다. 회사 입장에서도 인력을 효과적으로 활용하지 못해 손실이지 않았을까. 물론 내가 운 좋게 괜찮은 매니저를 만난 것일 수도 있다. 만약 상식적이지 않고 어려운 매니저와 일했다면? 프로젝트를 바꾸지 못한다 하더라도 여전히 문제를 제기하는 게 맞다. 그래야 추후에 프로젝트가 개발되지 않아도, 온전히 내 탓이 아니라 처음부터 유관부서와의 합의와 협조가 없었던 탓이라는 게 설득되기 때문이다. 이를 위해 엔지니어의 반응이나 미팅 결과를 기록으로 남겨두는 것이 좋다. 그러면 적어도 일을 못했다며 나에게 책임을 전가할 가능성을 줄일 수 있다.

욕을 두려워하지 않는 것, 이것은 실무자뿐만 아니라 리더들에게 더욱 요구되는 능력이라고 생각한다. 미국에서 회사생활을 시작하고 매니저가 가장 자주 물어보는 말 중에 하나는 “막힌 부분 있어(Are there any blockers)?”였다. unblock은 장애물을 제거한다는 뜻이다. 매니저의 가장 중요한 역할은 장애물이 있다면 치워주고 팀원들의 일이 되게끔 도와주는 것이었다. A는 내가 만났던 매니저 중 최고였는데, 직설적이고 성격이 급한 편이라 다가가기 쉬운 사람은 아니었지만 unblocking을 정말 잘했다. 일을 하다보면 타 부서에 달갑잖은 요청을 해야 할 때도 있는데, 그런 일을 나서서 잘 해결해주었다. 오히려 팀원들이 매니저에게 부담이 되지 않을까 반문할 정도였는데, 그럴 때면 “까짓것 정치질, 필요하면 하고 말지”라며 쿨하게 말하곤 했다. 덕분에 팀원들은 디자인에 집중하며 효율적으로 일할 수 있었다.

반대로 매니저 M은 인간적이고 상냥했다. 안부도 자주 묻고, 밥도 잘 사주고, 평소에 얘기도 잘 들어줬다. 하지만 정작 타 부서에 강한 의사 전달이 필요할 때 흐지부지해서 일을 진척시키는 데 곤란한 적이 몇 번 있었다. 서로 다른 리더들을 겪어보니 이해관계자 사이에서 조금 시끄러울 줄도, 냉정할 줄도 알면서 일이 되게 하는 게 중요하다는 것을 배웠다.

『리더의 마음』 저자 홍의숙 박사에 따르면 사람들은 인자한 리더보다 까칠하더라도 성장할 수 있는 리더를 더 따른다고 한다. 일을 밀어붙이더라도 ‘의견을 조율하고 일이 될 수 있게끔 옆에서 돕는다'가 팀장의 올바른 역할이라는 것이다. 한순간 싫은 소리를 들을지라도 목표에 도달하기 위해 꼭 필요한 과정이라면 소위 '얼굴에 철판을 깔 줄' 아는 게 회사생활의 지혜인 것 같다.

직장생활을 하면서 우리는 피드백에서 자유로울 수 없다. 그렇다면 정당하고 건설적인 피드백을 취사선택해서 수용하는 게 스스로의 발전에 더 도움이 되지 않을까. 피드백이 상충되는 상황, 욕을 피할 수 없는 상황이라면, 어쩔 수 없이 고과를 평가하는 사람(대개는 팀장)의 의견을 물어볼 수밖에 없다. 다만 혼자 욕을 떠안기보다, 팀장이 들어주든 들어주지 않든 일단 상황을 설명하고 커뮤니케이션을 시도해보자. 책임을 다하는 리더라면 unblocking을 도와줄 것이다. 아니라면 최소한 나의 노고에 대한 인정은 요구할 수 있다. 그렇게 주변의 잡음에 개의치 않고 마땅히 할일을 야무지게 하다보면 어느새 일 잘한다는 소리를 듣고 있을 것이다.

불편한 이야기, 감정적으로 이견을 내는 건지
더 나은 결과를 위한 건지 신중하게 판단해야 해요.
모두를 위한 길이라면 주저 없이 말해보세요!

욕먹는 건 한순간이더라구요.
나중에 보면 나를 욕했던 사람들은 퇴사했거나,
아니면 이미 나에 대해서 잊었을 거예요.

Q03 누구보다 열심히 일하는데 회사에서 안 알아줘서 속상해요

팟캐스트 '미니 상담'

그래서 일만 열심히 하면 안 된다

_이과장

회사를 그만둘 때 가장 후회하는 것은 무엇이다? 바로 쓸데없이 필요 이상으로 열심히 한 나님의 행적이다. 특히 남들이 알지 못하게 야근과 주말 출근을 한 나의 전적들.

이직의 이유는 대부분 더 좋은 조건을 위해서다. 더 좋은 조건이란 지금보다 나은 급여, 직급 그리고 연차다. 현재 회사가 마음에 들더라도 나를 더 인정해줄 수 있는 조건에 흔들리는데, 하물며 지금의 회사가 내가 애써 일한 만큼 원하는 결과를 돌려주지 않으면 이직은 더욱 당연한 수순이 된다.

걱정 끼칠까 꾹꾹 눌러 담았던 '힘들다'라는 말을 부모님께 했다.

하지만 내 말은 "남의 돈 벌기가 쉬운 줄 아니, 사회생활은 다 그래. 참고 다녀"라는 메아리가 되어 내 가슴을 콕 찌를 뿐이었다. 자주도 아니고 어쩌다 한번인데 이런 말을 들으면 숨이 턱 막힌다. "묵묵하게 맡은 일 잘하고, 남에게 피해 주지 말고"라며 어렸을 적부터 귀에 딱지가 앉도록 말씀하신 부모님의 당연한 반응일지도 모른다. 그래서 힘들어도 티내지 못하고 누군가는 알아주겠지 하는 마음으로 회사에서 일을 한다. '이번 연봉 협상과 승진에 반영될 거야'라는 헛된 희망을 안고서 말이다.

승진 누락과 쥐꼬리만큼 오르는 월급을 보면 '아, 내가 잘못 알아도 한참을 잘못 알았구나' 깨닫게 된다. 특히 말로만 일하는 최대리가 나보다 먼저 과장이 되는 꼴을 보니, 내가 바보 멍청이라는 사실을 뼈저리게 느낀다. 일을 입으로만 하는 것 같은데 나보다 먼저 승진을 한다. 심지어 그가 입으로만 일하는 탓에 구멍난 일은 내가 다 하는데 말이다. 마치 재주는 곰이 부리고 돈은 사람이 버는 느낌이었다. 도대체 왜 이러한 기분이 드는 것일까? 최대리와 나의 차이점을 살펴보기 시작했다.

엘리베이터 안에서 만난 윗분들이 나에게 "요새 바빠?" 물으면 (억지) 웃음을 지으며 "아, 네… 괜찮아요, 할 만해요" 하고 대답했다.

하지만 최대리는 “요새 너무나 바쁩니다. 진행하는 프로젝트 때문에 정신이 없네요”라며 웃으며 대답했다. 내가 옆에서 버젓이 보고 있는데 어떻게 저런 말을 아무렇지도 않게 하는 거지? 대단하다. 이뿐만이 아니다. 내가 메신저로 묻는 업무 이야기에는 세월아 네월아 하면서, 단톡방에 올라온 부장님 요청사항은 알람이라도 걸어놓은 것인지 늘 1등으로 대답했다. 심지어 하나만 알려달라고 하면 그 이상을 공유했다. 와, 이럴 때는 엄청 빠른 사람이었네. 나는 내 일을 하느라 정신이 없어 카톡을 보기도 힘든데, 저 친구는 어쩜 저럴까.

넋 놓고 보고 있을 수만은 없다. ‘나도 최대리처럼 하자’라는 생각이 들었다. 난 원래 열심히 하는 사람이니까 이것도 하면 되는 거지, 하며 쉽게 봤다. 그러나 쉬운 일이 아니었다. 계속 원래의 모습으로 돌아가려 했다. ‘묵묵하게, 책임감 있게’ 모드로 말이다.

이렇듯 ‘열심히 티내기’는 생전 해보지 않았던 사람들에게는 쉽지 않은 종류의 일이다. 회사에서 일을 잘하는 방법으로 “윗사람은 위임을, 아랫사람은 보고를 잘하는 것이다”라는 말이 있다. 그런데 나는 이랬다. 부장이 시킨 일이 지금 어디까지 진행되고 있노라 중간보고를 잘 하지 않았다. 그저 부장이 신경쓰지 않게 마감 기한에 맞춰 잘 마무리하는 것이 내 할일이라 생각했다. 그렇기에 일을 진행하면서 어려운 일이 생겨도 혼자 해결하려 끙끙댔다. 하지만 그러면 안 되는 것이었다.

중간관리자인 과장이 되어보니, 모든 사원들과 대리들이 하는 업무를 내가 다 파악할 수가 없었다. 물리적으로 불가능한 것은 물론, 지시한 사항을 하나하나 다 기억하며 챙길 여력도 없었다. 그러니 각자 진행하고 있는 일들을 일정한 간격으로 나에게 잘 보고해주면 일이 수월할 뿐만 아니라, 각자 어떠한 일을 하고 있는지 금방 파악할 수 있었다. 어려움이 있다면 공유해주고, 내가 무슨 일을 해주면 되는지 혹은 어떻게 해결해주기를 원하는지 말하면 역시 나에게 많은 도움이 되었다. 동시에 '그 친구가 이러한 부분 때문에 고생하고 있구나'라는 것도 알 수 있었다.

이렇듯 윗사람에게 보고를 하면 자연스레 내가 무슨 일을 하는지 알릴 수 있다. 티가 나는 일이나 생색낼 수 있는 일 위주로 하라는 것과는 다르다. 보고를 잘하는 것도 회사생활에 아주 중요한 능력 중 하나다. 적절한 타이밍에 상대방이 원하는 정보가 잘 전달되도록 하는 것 말이다.

정신없이 일한 결과를 상사에게 보고하는 순간이 오면 횡설수설하거나 혹은 말문이 막히는 경험을 해봤을 것이다. 상사에게 업무 보고를 잘하는 건 그리 쉽지 않다. 그럴 땐 상사와 대화한다고 생각하며 보고해보자. 힘든 점이 있다면 그것도 같이 말이다. 이것도 반복과 연습이 필요하다. 감정에 호소하듯 보고하는 게 아닌, 객관적으로 침착하게 어려움을 표현하는 것은 절대 쉽지 않다.

퇴사할 때 면담을 하면서 자주 들은 말이 있다.
"말하지 그랬어. 말을 안 하니 몰랐잖아."
본부장을 제외하고 같은 부서 사람들은 다 알고 있었는데 말이다. 세상에나 말을 안 해서 몰랐다니…. 이럴 수도 있구나. 하지만 부서장이 내 상황을 세세하게 본부장에게 말했을까, 상상해보면 그건 힘든 일이었다. 업무가 많아 야근을 하고 주말까지 출근한다는 사실을 내가 말하지 않으면 당연히 아무도 모른다. 회사 시스템이 그렇게 되어 있다.(지금은 주 52시간으로 야근과 주말 출근이 승인 대상이지만.)

누군가 나를 챙겨주기를 기다리지 말고 스스로를 챙기자. 사회생활이란 그런 것이다. 묵묵함과 성실성으로 나타나는 '열심'은 승진, 급여 그리고 인센티브로 보상받지 못하면 나를 초라하게 만들 뿐이다. 이는 자연스레 회사에 대한 불만족으로 이어진다. 이 마음은 나 스스로를 힘들게 할뿐더러, 다른 회사로 간다고 해서 같은 일이 반복되지 않으리라는 확신 또한 없다. 복잡한 조직생활에서 최대한 자기 만족도를 높이며 성공적으로 살아가려면 열심히 했다는 것을 표현할 줄 알아야 한다.

열심히 하는 것은, 남에게 알리는 것도 열심히 하면 되는 것이다. 말하지 않으면 알지 못한다. 누구도 알지 못한다. 회사에서 그저 착하게 시키는 대로 일'만' 하는 것은 아무짝에도 쓸모가 없어요.

자기 PR은 아무리 강조해도 지나치지 않아요.
일을 일단 열심히 하고
그만큼 티를 팍팍 내야 해요!

바쁜 티를 내면 건방지다고 생각하는 상사도 있죠.
그렇지만 여성 직장인이라면
더더욱 티내며 말하는 연습을 해야 한다고 생각해요.

Q04

상사가 업무 관련 지식이 무서울 정도로 없어요

팟캐스트 103화

당신이 상상하는 그 상사, 현실엔 없다

_문대리

회사에서 문제가 터졌다. 어디부터 수습해야 할지 몰라 허둥지둥하고 있는데, 깔끔한 스타일링의 상사가 나타나서 상황을 일목요연하게 정리하고, 명확한 해결 방법으로 조직원들을 일사불란하게 움직여 문제를 해결한다. 그 상사는 윗사람이 원하는 것을 눈치 하나로 파악해서 결과물을 만들어 보고하고, 명석한 두뇌와 카리스마로 아랫사람에게 적절하게 권한을 위임하며 일관성 있게 프로젝트를 끌고 나갔다. 빠삭한 실무 지식으로 부하직원이 고민하는 지점을 정확히 짚어내 답을 찾아갈 수 있게 인도해주고, 따뜻한 관심까지 장착해 후배가 힘들 때면 조용히 다가와 커피를 건넨다.

어쩌면 우린 이런 상사를 드라마에서 너무 많이 봤는지도 모른다.

로맨스 드라마에 나오는 잘생기고 돈 많고 나에게만 다정한 완벽남을 현실에서 눈을 씻고 찾아볼 수 없는 것처럼, 이상적인 상사는 현실에 거의 존재하지 않는다. 상상 속 상사 덕분에 높아진 기준 때문인지, 아니면 세상에 나쁜 상사가 너무 많은 건지 '상사 미담'은 좀처럼 들을 수가 없다.

현실 상사는 "이거 무슨 말인지 알지?" 하며 대충 일 넘기기에 급급한 경우가 많다. 스스로는 일을 잘하지만 타인에게 가르치는 방법은 잘 모르기도 한다. 알아도 가르쳐주고 싶어하지 않거나, 본인 업무로 너무 바빠 일을 가르쳐줄 시간이 없거나, 일에 대한 지식이 없는 경우도 많다. 누군가 갓 입사한 당신에게 일하는 법을 상냥하게 알려준다면 그건 운 좋게도 좋은 상사를 만났다는 뜻이다. 그렇다고 나쁜 상사를 만났을 때 그냥 받아들이고 묵묵히 '존버'하라는 뜻은 아니다. 깎아내리는 말을 계속 들으면 잘하던 일도 잘할 수가 없고, 정신이 피폐해져 건강을 잃을지도 모른다. 나중에는 스스로가 잘하고 있는지 의심이 들고 자존감을 상실할 수도 있다.

그러니 나의 한계치를 정해놓고, 그 선을 넘어가면 과감하게 인연을 끊을 수 있는 방법을 모색해야 한다. 주변에 도움을 구하거나 인사팀과 이야기해 부서를 이동하거나, 더 높은 직급의 누군가와

의논해볼 수도 있을 것이다. 이럴 때 미리 준비해야 하는 것이 있다. 나쁜 행적을 기록하고 녹음해 물증을 남겨놓고 대항해야 한다. 물론 상황이 내 마음 같지 않고 이런 방법들이 여의찮다면 조용히 다른 회사를 알아보는 것도 추천한다.

일을 알려주는 사람 혹은 롤모델을 찾았다면 정말 좋은 일이다. 하지만 현실에 롤모델은 존재하지 않는 경우가 더 많으며, 일을 친절히 알려주는 사람은 적다. 이 사실을 받아들이면 정신건강에 도움이 된다. 냉정하게 따져보면 상사 입장에서는 업무를 알려줄 의무가 없다. 그저 한 사람의 몫을 제대로 해내고 월급을 받으면 그만이다. 하지만 조직 전체를 보면 신입을 성장시켜 한 사람의 몫을 해내게 만들고, 조직 전체에 시너지를 가져오도록 이끄는 것이 바람직하다. 그렇기 때문에 기존 사람들이 신입에게 관심을 가지고 교육하는 것이다.

가르쳐주는 사람은 없는데 연차는 쌓여가고, 후배는 들어오고, 하는 일에 확신은 없는 상황에 처한 사연, 상사가 있어도 제대로 된 교육을 받을 수 없는 사연 등 '우리가 상상하는 상사'답지 않은 경우가 많다. 그럴 땐 내부가 아니라 외부에서 방법을 찾아볼 수도 있다. 알다시피 인터넷에 정보가 너무 많아서 그렇지, 없는 정보는 없다. 물론 회사 업무는 잘 정리된 문서보다 경험자를 찾는 것을 추천한다. 연애가 하고 싶으면 소개팅을 하거나 이성을 만날 수 있는 장소에 나가라고 권하는 것과 마찬가지로, 멘토를 적극적으로 찾아야 한다. 멘토가 하늘에서 자연스럽게 뚝하고 떨어지는 법은 없으니 말이다.

이과장은 인터넷 카페에서 어떤 사람이 영어공부 노하우를 공유한 내용이 너무 마음에 들었다. 그래서 그 사람에게 영어를 배우고 싶다고 이메일을 보내 영어를 배울 수 있었고, 덕분에 영어 실력을 키웠다. 〈언슬조〉 박PD는 카페에서 알바를 하다 만난 생판 모르는 손님에게 3D 프로그램을 배웠다. 저 사람에게 내가 배우고 싶은 지식이 있다는 사실을 알면 스스럼없이 가서 얼굴에 철판을 깔고 부탁했다. 코딩 같은 경우 '크로스레슨'이라는 사이트를 통해 연락을 해서 코딩을 배우고, 대신 포토샵을 가르쳐주었다. 딱 한 번만이라도 경험자를 만나 원하는 질문을 마음껏 하고 조언을 얻으면 굉장히 많은 도움을 받을 수 있다. 때문에 "저랑 한 번만 꼭 만나주세요"라고 제안하는 것을 강력히 추천한다.

같은 맥락으로 취업이나 이직을 할 경우, 그 회사에 합격한 사람이 이력서나 자기소개서를 검토해주는 것만으로도 승률을 올릴 수 있다. 이직, 취업 카페에 취업 성공담을 올리면 많은 사람들이 자신의 이력서나 자기소개서를 피드백해달라며 요청한다고 한다. 물론 내향적인 성격 때문에 낯선 사람 만나는 것을 매우 꺼릴 수도 있다. 흉흉한 세상이니 이런 방법을 시도해보지 않은 사람 입장에서는 어려운 일임이 분명하다. 대면해서 배우는 것이 가장 효율적이지만 이메일이나 메신저를 통해서도 깊이가 조금 얕더라도 훨씬 수월하게 노하우를 얻을 수 있다.

질문을 하거나 도움을 요청하는 것이 민폐라고 생각한다면 지금껏 시도해보지 않았을 가능성이 높다. 처음이라면 더더욱 어려울 것이다. 그래서 더 의식적으로 준비하고 연습하면 좋겠다. 내 경우, 새 건물의 프로그램을 기획하고 예산을 짜는 업무를 받은 적이 있었다. 이 내용을 잘 아는 베테랑 선배들이 다른 부서에 많이 있었지만 나는 끝내 도움을 청하지 못했다. 선배들이 바빠서 내 요청을 싫어할까봐, 내지는 나 혼자서도 잘할 수 있다는 오만함 같은 것들이 뒤섞여 혼자 끙끙대며 프로젝트를 끝냈던 기억이 있다. 지나고 보니 도움을 요청했다면 선배들이 기꺼이 조언해줬을 것이고, 나 역시 더 배우고 프로젝트도 수월하게 끝나지 않았을까 하는 아쉬움이 남는다.

적재적소에 도움을 요청하는 지혜는 회사생활에 꼭 필요한 스킬이다. 전문가가 아닌 이상 대부분의 일은 여러 부서 간 협업으로 이루어진다. 여러 사람의 힘이 필요할수록 도움을 요청하는 스킬의 힘은 커진다. 주로 혼자 일하는 전문가라고 하더라도 상사의 도움을 받는 것은 성장에 큰 도움이 된다. 배움을 청하는 일은 부끄러운 것이 아니라 일의 전문성을 높이는 데에 언제나 도움이 된다.

때때로 의도치 않게 업무를 모르는 상태로 상사가 될 수도 있다. 그럴 때도 마찬가지로 솔직하게 아랫사람에게 오픈하고 일을 새로 배워야 한다. 괜히 아는 척하고 모르는 것에 대해서 고집을 부리다가, 오히려 일을 망치고 후배들의 신임도 잃게 된다.

열린 마음, 배우려는 적극적인 자세만 있다면 실무를 잘 모르거나, 잘 가르쳐주는 상사가 없어도 충분히 '일잘러'로 성장할 수 있다. 그러니 할 수 있는 모든 방법을 총동원하길 권한다.

051

권한과 자유 없이 주어진 일만 하는 경우보다
업무 능력을 키울 기회일 수도 있어요.
요즘엔 외부 플랫폼에서도 일을 배울 수 있구요.

업무 지식이 없는데 상사 역할을 한다는 건 너무 힘든 일이죠.
그럴 땐 티 안 나게 상사를 도와주고
업무 지식을 공유해주는 것도 좋은 방법이에요.

Q05

잘하는 일과 좋아하는 일 중에 어떤 걸 해야 할까요?

팟캐스트 111화

그냥 해, 일단 해,
그래야 알 수 있을 거야

_김부장

'내가 하고 싶은 업무와 회사에서 요구하는 업무가 다르다면?'
직장인들이 업무에 관해서 가장 많이 고민하는 부분 중 하나가 본인이 잘하는 일과 좋아하는 일 중 무엇을 선택하느냐 하는 문제일 것이다. 어찌 보면 모든 직장인들의 현실적인 고민이기도 하고, 신입사원이라면 특히 이런 고민을 더 많이 할 수밖에 없다. 또 〈언슬조〉 팟캐스트에서 가장 자주 받는 질문이기도 하다.

1년 차 새내기 직장인에게서 다음과 같은 사연이 온 적이 있다. 인원이 많지 않은 스타트업에서 A업무와 B업무를 함께 진행하는 팀에 소속된 직장인이었다. 입사 초 팀장님과 담당 업무에 대해 논의하며 A업무를 더 하고 싶다고 말씀드렸고, 본인의 퍼포먼스 목표를 정할 때도 A업무 위주로 설정해서 현재 주로 A업무를 맡고 있다고 한다. 그런데 팀장님과의 면담 자리에서 "○○님은 지켜봤는데 A업무보다는 B업무를 잘하는 것 같다. A업무를 원하기에 일단 해보라고 두는 거지만 곧 알게 될 거다"라는 이야기를 들었다는 것이다. 사연자는 딱히 B업무가 싫은 건 아니지만 그래도 아직은 A업무가 더 좋은 상황이다. 곧 입사 1년이 되니 팀 내에서 업무적으로 자리를 잡아야 할 것 같은데, 팀장님께 인정받는 B업무 쪽으로 방향을 틀지, 아니면 하고 싶던 A업무에 좀더 매달려볼지가 고민이라는 내용이었다.

나의 경우, 금융업계에서 애널리스트로 일할 때 맡은 업무가 정해져 있는 편이었다. 금융업계를 떠난 이후의 직장에서도 비슷한 일을 했기에 업무 선택의 기회가 적었다. 때문에 다행인지 불행인지는 모르겠지만 이런 종류의 고민을 해본 적이 없었다. 하지만 만약 이런 선택의 기로에 선다면 나는 어느 쪽을 택하게 될까.

나 역시 사연자가 좋아하는 일인 A업무를 택하게 될 것 같다. 사연자가 B업무를 잘하는 건 이미 인정받았으니, 본인이 좋아하는 A업무를 먼저 해보다가 상사가 권유한 B업무로 얼마든지 방향을 선회할 수 있지 않을까. 가지 않은 길에 대한 후회는 계속 남을 수 있다.

그러니 혹여 이 길이 아님을 깨닫고 좌절하거나, 그 분야를 계속하기에는 내 능력이 부족함을 알게 된다고 하더라도, 한번 시도해보는 게 중요하다.

나도 종종 가지 않은 길을 뒤돌아볼 때가 있다. 대학을 졸업하고 언어학을 공부해서 교수가 되고 싶기도 했지만 어쩌다보니 박사과정에 진학하지 않고 직장을 다니게 되었다. 좋아했지만 하지 않아서 더 애정이 있는 것일지도 모르겠다.

단순히 업무에 대한 선호도가 아니라 더 나아가 조직 입장에서 고차원적으로 바라본다면, 사실은 B업무가 더 잘 맞는다는 상사의 말에 조금은 색안경을 끼고 볼 필요가 있다. 실제로 사연자가 B업무를 잘해서 권하는 것일 수도 있지만 지금 당장 B업무를 할 사람이 필요한 것일 수도 있다. 개인의 미래보다 조직에 가장 유리한 쪽으로 결정할 가능성이 높다는 점도 염두에 두라는 것이다. 물론 사연자가 A업무에 재능이 없을 수도 있다. 하지만 재직하는 회사가 인력이 많지 않은 스타트업인데다 조직의 입장을 우선시하는 상사들이 대부분이라는 점도 한 번쯤 되새겨볼 만하지 않을까?

나와는 다르게 이과장은 상사가 시키는 B업무를 선택하겠다는 의견이었다. 이과장의 경우에는 실수를 반복하는 부하직원 때문에 너무 지치다보니, 사연자 입장보다는 상사의 입장에서 생각하게 되었다. 혹시 부하직원이 집중하지 못하는 이유가 하고 싶은 업무가 따로 있는데 하기 싫은 일을 하기 때문은 아닌지 유심히 지켜보았다. 하지만 그 부하직원이 하고 싶다는 일을 맡겼을 때도 딱히 재능이 있다 할 만큼 잘 처리하지는 못했다. 상사가 어떤 일을 권할 때의 관점은 아랫사람이 생각하는 것과는 분명히 다르다. 그렇기 때문에 만약 이과장이 사연자라면 상사의 의도를 그냥 좋게 받아들이고 시킨 일을 좀 해보겠다는 것이다.

오! 나는 거의 20년이라는 오랜 기간 동안 직장생활을 하면서 조직적인 협동이 필요한 일보다는 주로 독립적인 일을 했기 때문에 이과장의 이런 관점이 상당히 신선했다. 그래서 왜 그렇게 생각하게 되었는지, 혹시 구체적인 계기가 있었는지 궁금했다.

이과장의 이야기는 이랬다. 보통 상사가 부하직원에게 일을 많이 던져준다는 것은, 아랫사람이 소화할 능력이 충분하고 잘할 수 있다는 관점에서 비롯된다. 특히 신입 시절에는 일 욕심이 많아서 본인 업무 외에 또 다른 업무를 받게 되더라도 '아, 내가 잘하고 있구나' 하는 성취감이 들기도 하니 상사의 조언을 받아들여보는 것도 괜찮을 수 있다. 게다가 사연자의 경우 한 팀 안에서 A업무와 B업무를 다 진행하니 두 업무 간 유연성도 있을 테다. 신입 때는 배우는 단계, 즉 무엇이든 흡수하는 단계니 A든 B든 무엇이든 해보는 게 좋다. 특히 이과장은 앞서 언급한 부하직원에게 본인이 좋다는 일을 주었는데도 그조차 잘 처리하지 못하는 것을 보면서, 이런 생각을 더 굳히게 되었다고 한다.

이과장의 답변에 상당히 수긍이 갔다. 하지만 상사의 성향 또한 중요하다. 사연만으로는 사연자의 상사가 평소에 어떤 사람인지를 파악하기 어렵고, '이게 정답이다'라는 해답 역시 제시하기도 쉽지 않았다. 그래서 우선 상사와 여러 가지 방면으로 의논해보는 것이 좋을 거라 생각했다. 몇 개월 정도는 B업무를 해보겠지만, 적성에 안 맞는 등 문제점이 발생할 경우 A업무로 복귀할 기회가 있는지 정도는 사전에 합의하고 진행하면 괜찮으니 말이다. 이 부분에는 이과장 역시 동의했다.

어느 쪽이 명확한 정답인지는 모르겠다. 과연 정답이라는 게 있을까 싶기도 하다. 하지만 직장생활을 오래하면서 주위를 둘러보니 결국 좋아하는 것을 계속 추구하는 게 스스로에게 정말 의미 있는 일임을 느끼게 된다. 자기가 좋아하는 일을 꾸준히 하는 사람들이 성공하는 것을 많이 보았기 때문이다. 특히 꼭 좋아하는 일을 해야 하는 성향이라면, 직장을 선택할 때 본인이 좋아하는 업무를 어느 정도 지킬 수 있는가 없는가를 잘 파악하는 것도 중요하다. 하지만 좀더 근본적으로 보면 잘하는 일과 좋아하는 일이 어느 정도 겹칠 수도 있다. 처음에는 단순히 잘한다고 생각했던 일이 어느새 좋아질 수 있다는 점도 잊지 말자.

20년 전에 가지 않았던 길인 언어학 공부를 종종 생각한다. 그 당시 언어학 박사에 자신이 없었던 가장 큰 이유는 대학교수 자리를 제외하고는 마땅한 취직 기회가 없다는 점이었다. 인생에서 늘 모험보다는 안정을 추구하는 나로서는 좋아하는 언어학을 포기하고 그냥 나한테 잘 맞고 내가 잘하는 일, 그래서 돈을 잘 벌 수 있는 일을 선택한 셈이다. 여기에서 정말 중요한 것은 처음에는 잘 몰랐던 금융 분야도 어느새 내가 좋아하는 일이 되었다는 점이다!

한편으로는 언어학을 공부했다면 구글이나 네이버 같은 IT업계에서 연봉이 높은 링귀스트로 일하지 않았을까 하는 생각이 들 때도 있다. 하지만 내 선택에는 전혀 후회가 없다. 그건 결국 내가 좋아하는 일을 했기 때문이 아닐까. 언어학을 좋아했던 것은 분명하지만, 그 외에도 스스로 미처 발견하지 못했던 좋아하는 일이 아마

100가지도 더 있었던 것이다. 따라서 처음부터 좋아하는 일과 잘하는 일로 나누어서 이분법적으로 접근할 필요도, 좋아하는 일이 절대적이라는 생각을 할 필요도 없다. 특히 아직 젊다면, 아니 50대나 60대라도 본인이 미처 발견하지 못한 좋아하는 일이 있을 수도 있다. 그야말로 100세 시대 아닌가! 그러니 이 글을 읽고 계시는 여러분, 본인이 좋아하는 일이 아니라고 무조건 피하지만 말고 가끔은 새로운 나를 발견하는 기회를 가져보길 바란다.

Q06

회사 안에서 부품처럼 일하는 기분이에요. 버려지지 않으려면 스페셜리스트가 돼야 하지 않을까요?

팟캐스트 98화

기억하자,
우리는 조직 안에서
일하고 있다는 걸

_이과장

"발표 난 거 봤어?" 모니터 오른쪽 귀퉁이에서 메신저의 팝업 창이 또르르 올라온다. 회사 사무실은 여느 때와 다르지 않다. 오히려 더 적막이 흐르는 느낌인데, 이내 키보드 소리가 빠르고 크게 들리기 시작했다. 다들 나와 비슷한 내용으로 키보드에 화풀이하며 메신저에 몰두하는 모양이다.

몇 분 전에 발표된 인사발령 내용이 메신저 대화의 시작이다. 인사발표는 1년에 한 번씩, 이렇게 온 회사를 술렁이게 만든다. 가뜩이나 연말이라 여러 가지로 뒤숭숭한데 거기에 불을 지르는 셈이다. 내가 가고 싶었던 부서 그 자리에 과연 누가 갔는지, 정신 나간 사람처럼 멍하니 모니터를 쳐다보기 시작한다. 모르는 사람이지만 내심 부럽다. 나도 시켜주면 잘할 수 있는데 말이다. 정신을 차리고, 그래도 뒤통수는 맞지 않았잖아, 얼마나 다행인가라며 위안을 삼는다. 한번 들어가면 빠져나올 수 없어 무덤이라 불리는 그 부서, 비전이라고는 찾아볼 수 없는 그 최악의 부서로 발령 나진 않았으니 말이다.

지긋지긋한 취업만 '뽀개면' 더이상 큰 고민은 없을 줄 알았다. 작지만 꼬박꼬박 나오는 소중하고 귀여운 월급을 받아 옷과 화장품을 사고 맛있는 거나 사 먹고, 나머지 일부는 자기계발을 하며 커리어 관리를 하는 달콤한 미래에 흠뻑 빠졌건만. 취직을 하면 내가 하고 싶은 일을 하지 못하고, 반대로 하기 싫은 일도 해야 한다는 게 이렇게 큰 고민이 되리라고는 생각조차 못 했다.

현실을 알게 된 것은 입사하고 두 달쯤 지나서였다. 신입으로 막 입사한 그해 인사발령에 나는 해당되지 않았다. 투자부에서 지점으로 발령이 난 대리의 퇴사 소문이 사내에 돌기 시작했다. 투자 일만 전문적으로 할 수 있는 회사로 이직한다는 것이었다. 지점에 있다가 몇 년 후에 다시 투자 일을 할 수 있다는데 왜 굳이 이직을 하는지 궁금해졌다. 지금도 그렇지만 투자 일은 누구나 하고 싶어도 누구나 할 수 없는 전문적인 분야다. 1년쯤 지나자 조직개편이라는 이유로 나 역시 인사이동 대상에 올랐고 가고 싶지 않았던 부서로 발령이 났다. 1년이나 지났는데 여직원에게만 주어지는 서무 업무가 주업무보다 많아졌다. 그나마 틈틈이 배워가며 하고 있는 이 일은 누구나 할 수 있는 평범한 일처럼 치부되었다.

내가 잘할 수 있는 일로, 창같이 날카로운 나만의 무기가 갖고 싶어졌다. 그것이 나에게는 스페셜리스트의 정의였다. 인사발령에 따라 이 부서에서 저 부서로, 왔다갔다하며 별 재미도 감동도 없이 내키지 않는 일을 하는 평범한 제너럴리스트는 되고 싶지 않았다. 그래서 다른 회사로 이직했고 그렇게 프로 이직러의 여정이 시작되었다. 전 회사에서는 내 경력으로 인정될 만한 일을 할 수 없음을 깨닫고 찾은 해결책이기도 했다. 첫 인사이동 이후, 직장인의 경력은 자신의 의지와 계획보다는 타인에 의해 결정된다는 것을 알게 되었다. 그래서 이직으로 경력직이란 타이틀을 얻으며 스페셜리스트의 길을 선택한 것이다.

나는 소위 'XX'사로 끝나는 전문 자격증 하나 없고, 그렇다고 특별한 기술조차 없는 문과생 출신이다. 뒤돌아보면 전문성이라는 단어에 몹시 갈증을 느꼈다. 나이만 차곡차곡 먹으며 특기 하나 없는 회사형 인간 부품 1호로 머무를까봐 위기감에 휩싸였던 것이다. 그래도 요새는 스타트업을 비롯한 국내 진출 글로벌 회사에서 한 가지 일만 하며 경력을 만들 수도 있는 역할조직을 자주 찾아볼 수 있다. 따라서 이미 이러한 회사에서 일하고 있거나 앞으로 일할 기회가 있다면, 굳이 스페셜리스트가 되기 위해 이직할 필요는 없다.

하지만 하는 일이 뚜렷한 경력직 이직자들 역시 다른 사람들처럼 회사라는 시스템에서 승진 과정을 겪게 된다. 나도 자연스레 승진을 통해 내 일만 잘하면 되는 단계를 벗어나 중간관리자인 과장이 되었다. 그러자 내 업무에 능통한 것만으로는 조직생활에 충분하지 않은 순간을 점차 마주하게 되었다. 과장이라고 불리게 되자 관리자로서 다른 부서들과 회의하는 시간이 많아지고 협업하는 일 또한 잦아졌다. 다른 부서에서 무슨 일을 하고 있는지를 알아야만, 회의에서 나의 의견과 결정에 힘이 실린다는 것을 피부로 감지하게 되었다. 즉 회사라는 조직의 전반적인 부분을 읽어내는 능력을 발휘해 시스템이 어떻게 작동하고 있는지 넓은 시야로 파악해야 하는 것이다. 또한 회사 내 다양한 업무 간에 어떤 연결고리가 있는지도 알고 있어야 한다. 그래야만 회의에서 자신의 역할을 해낼 수 있는 때가 온 것이다.

누구에게나 이런 시기가 온다. 이때 가장 필요한 것은 소통 능력이다. 너무나 잘 알고 있지 않은가. 조직에서 수없이 강조하고 또 강조하는 것이 바로 소통이라는 것을. 이 사실은 사원만 되어도 누구나 알 수 있다. 회의를 하다보면 내 일만 잘 아는 사람들과는 소통이 쉽지 않다는 것을 금방 눈치챌 수 있다. 계속 자기 입장만 반복해서 말하는 고집불통 앵무새형, 본인은 이 일에 전문가니까 가장 잘 안다고 생각하는 나잘났다형. 이러한 유형의 사람들이 일을 잘 한다고 생각하는가? 아니다.

혼자서만 잘해서 완성시킬 수 있는 회사 일은 극히 드물다.(물론 내가 없어도 잘 돌아간다는 것이 함정이지만 말이다.) 한 가지 일만 하다 보면 그 일에 대한 전문가가 될 수는 있어도, 조직에 정통한 사람이 되기는 쉽지 않다. 각 구성들의 기능과 역할을 파악해 협업에 능한 사람들이 조직에서 위로 더 잘 올라가는 것을 많이 보았다. 그래서 회사라는 유기체에서는 시간이 지날수록 한 가지 일만 잘하는 스페셜리스트보다는 여러 가지 일을 다른 사람들과 수월하게 잘 해내는 제너럴리스트가 더 유리하다. 그리고 자신이 회사의 더 높은 곳에 오르고자 한다면 내 일뿐만 아니라 회사의 전반적인 업무를 다 아는 것이 좋다. 무엇이든 더 많이 알아서 나쁠 것은 전혀 없다.

많은 젊은 여성들에게 새로운 롤모델로서 자신감과 영감을 주고 있는 윤여정 배우는 자신에게 주어진 작품을 가리지 않았다. 맡은 역할 또한 정형화되지 않고 다채로웠다. 워낙 연기의 신이기도 하지만, 만약 그녀가 젊은 시절 자신이 잘하는 역할만 고수했다면 우리가 사랑하고 존경하는 윤여정 배우를 만나지 못했을 수도 있다. 이 사실을 기억한다면 지금 스페셜리스트의 길을 가지 못해 고민하고 우울해하는 당신에게 충분한 위로가 되리라 확신한다. 지금 우리에게 더 필요한 건 어쩌면 회사 안에서 나의 열정을 담아낼 수 있는 그 무언가를 찾는 일일지도 모른다.

한 분야에 10년 이상 투자하면
전문가 대우를 받을 수 있죠.
하지만 서로 다른 분야의 빈틈을 연결하는 것은
제너럴리스트만 할 수 있답니다!

정답은 없는 것 같아요. 스페셜리스트로 일했던 저는
다양한 업무를 경험해보지 못했다는 이유로
한국 대기업에서 임원으로 성장하기 힘들었어요.

Q 07

지금 회사는 도저히 못 다니겠어요. 전 뭘 하면 좋을까요?

팟캐스트 141화

고민하는 이 순간이 원하는 걸 찾을 타이밍이다

_문대리

〈언슬조〉에 많이 오는 사연 중에 하나가 지금 처한 상황이 너무 고통스럽고 힘들어서 퇴사를 할지, 대학원에 진학할지, 이직을 할지, 부서이동을 할지, 자격증을 딸지 고민이라는 내용이다. 다니는 직장은 명백하게 노답이고, 이직하자니 준비할 시간이 없다. 이직 준비를 위해 무작정 퇴사하기엔 생계가 걸려 있고, 부서를 이동하자니 상사한테 미운털이라도 박히면 어쩌나 싶다. 대학원을 가려고 해도 학비가 비싸고, 자격증을 준비하자니 그 과정이 까마득하고…. 핑계 없는 무덤은 없다지만, 여러 대안에는 매력적인 장점과 섣불리 저지르기 어려운 단점이 늘 공존한다.

이렇게 대안에 대해 구체적인 이유나 상황을 장황하게 늘어놓으면서도 사연 안에 늘 빠지는 게 있으니, 정작 본인이 원하는 삶에 대한 이야기는 없다. 본인이 진짜 원하는 게 뭔지 모른다는 의미다.

원하는 것을 왜 알아야 할까? 단지 다음 스텝의 방향을 제시하는 역할만 있는 것은 아니다. 원하는 것을 아는 사람은 삶을 더 효율적으로 풍요롭게 만들 수 있다. 연예인 김종국은 자신의 유튜브 채널에서 운동을 하며 좋은 순간에 대해 이렇게 이야기한다. 무거운 무게를 하나 딱 드는 게 좋을 때도 있었고, 세트를 끝내고 무게를 탁 내려놨을 때 쭉 올라오는 기분을 좋아한 적도 있었는데, 요즘에는 무게를 쭈우우우욱 당기고 이완하면서 느껴지는 펌핑감을 좋아한다고 말이다. 똑같이 웨이트 트레이닝을 해도 좋아하는 포인트는 이렇게 다양하다. 중요한 건 좋은 기분을 느끼는 지점을 잘 알고 있기 때문에 김종국은 쉽게 행복해질 수 있다는 것이다.

마찬가지로 회사 일을 하면서도 순간을 잘 곱씹어봐야 한다. 예를 들어 회사에서 매뉴얼을 만든다고 해보자. 이 매뉴얼이 나중에 프로젝트를 더 수월하고 효율적으로 만들어줄 것이라는 상상 때문에 즐거운 것일까. 아니면 짧은 기한 내에 프로젝트를 완수해낸 성취감 때문에 기쁜 것일까. 혹은 누군가에게 교육하는 것을 좋아하는 것일까. 그 이유를 알면 같은 일을 하면서도 더 행복할 수 있다.

우선 원하는 것을 찾기 이전에 냉정하게 현재와 과거를 점검해야 한다. 왜 이 회사 혹은 이 부서를 도저히 다닐 수 없는지, 회사가 충분히 제공하고 있는 것과 채워주지 못하는 것은 무엇인지를 파악해본다. 그리고 필요하다면 다른 회사랑 비교할 수 있도록 지인들과 대화를 나누며 확인해볼 수도 있다. 예를 들어 다른 회사에서도 보건휴가를 자유롭게 쓴다고 생각했는데 알고 보니 우리 회사만 쉽게 사용할 수 있다는 등의, 소소하지만 나에겐 중요한 지점들이 있는지 꼼꼼히 파악한다.

그다음으로 회사를 다니는 데 있어서 나에게 가장 중요한 요소가 무엇인지 리스트를 나열하고 각각 점수를 매겨본다. 회사에서 얻을 수 있는 것과 내가 원하는 것 사이에 어느 정도의 괴리가 있는지 확인하는 것이다. 단, 예외가 하나 있다. 많은 요소들이 내 욕구와 맞더라도 회사생활이 나의 정신을 좀먹거나 건강을 해친다면 주저 없이 다른 길을 모색해야 한다. 사실 이 단계를 점검하다보면 굳이 이직이나 부서이동이 필요 없는 경우도 있다. 현재 겪고 있는 어려움을 상사나 동료들과 공유해서 생각보다 쉽게 해결할 수도 있다.

현재의 삶이 나와 맞지 않다는 게 명백해졌다고 해도, 이 회사 혹은 부서가 '싫다는 이유'만으로 다른 곳에 가거나 도피하면 안 된다. 기껏 말해준 대로 마음을 정리했더니 무슨 소리인가 싶을 수 있다. 다른 곳에 가서도 싫은 상황이 반복될 수 있고, 이전보다 더 나쁜 상황을 만날 수도 있다. 여기서 중요한 포인트는 싫은 것을 피하는 게 아니라 원하는 것을 찾아 떠나야 한다는 점이다. 그래야 커리어 변경 후 성공 가능성이 높아진다. 가장 원하는 요소를 충족하면 싫은 요소가 동일하더라도 커리어 변경에 만족하게 되는 것이다.

다음은 원하는 것이 무엇인지 찾는 단계다. 살면서 흥미를 느끼게 된 것들을 몇 가지 떠올려보자. 빵을 좋아한다거나 영화를 좋아하는 등 별거 아닌 것도 좋다. PPT 발표를 굉장히 잘해서 칭찬을 받았다거나, 글을 잘 써서 누군가에게 감동을 줬을 수도 있다. 내 경우 과거 방황하던 때에, 원하는 것을 모르겠다며 절친에게 어려움을 토로한 적이 있었다. 절친은 내가 주위 사람들의 이야기를 잘 들어주는 장점이 있으니 상담심리를 권했고, 그때부터 본격적으로 관심을 가지게 되었다. 이처럼 주위의 좋은 사람들과 이야기하다 보면 나조차 모르고 있던 장점들을 발견하고 알려줄 수도 있으니 여러모로 도움이 될 것이다.

여기서 중요한 점은 타인의 의견은 참고용일 뿐, 거기에 휘둘려서는 안 된다는 것이다. 최후의 선택은 결국 내가 하며, 그 선택의 책임은 온전히 나 스스로에게 있다. 그렇다고 너무 겁먹지는 않았으면 한다. 넘어지더라도 일어나면 우린 또 갈 수 있다. 어쩌면 넘어져봤기 때문에 다시 가는 길이 더 쉬울 수 있다.

때때로 나와 비슷한 커리어를 가진 직장동료들이 쉽게 성취한 것처럼 보이는 옵션이 있다. 부러운 마음에, 혹은 나도 할 수 있을 듯한 마음에 무턱대고 선택하지는 않았으면 한다. 우리에게 보이는 것은 타인의 빛나는 순간일 뿐, 그들의 숨은 노력은 알 수 없다. 어느 정도 공을 들여서 성취한 것인지는 본인 말고는 아무도 모른다. 그러니 그 길이 순탄해 보여서 혹하는 건지, 자신이 진짜 원하는 건지 생각해보고 '찐으로 원한다!'라고 느껴지면 행동으로 옮겨보자.

원하는 것들을 충분히 찾았다면 우선순위를 정해야 하는데, 이 부분에서 많은 사람들이 선택을 어려워한다. 지금 가지고 있는 장점을 다 유지한 채 거기에 새로운 장점을 추가해서 변화를 모색하려 한다. 미안하지만 그런 옵션은 없다. 프로 이직러 이과장의 친구 아버지가 해준 말이 있다. "인생은 갖고 싶은 것을 갖는 게 아니라, 놓아야 할 것을 놓는 방법을 연습하는 과정이다." 이과장은 커리어 전환 시 여러 옵션을 따질 때면 이 말을 떠올린다고 한다.

여러 부서를 옮겨 다니면서 느낀 것이 있는데, 바로 단점이 없는 부서는 없다는 점이다. 하다못해 상사가 날 믿어주고 내가 원하는 대로 일하는 부서에 있을 때에도, 날 채찍질해줄 사람이 없어서 성장이 더딘 부분이 아쉬웠다. 원하는 일을 하고 싶은 욕구가 분명하다면 욕을 먹더라도 부서이동을 하고, 원하는 일을 가져와서 인정받고 성취감을 얻는 것이 우선이다. 대신 그 일을 위해 정치질을 하고 욕을 먹게 되더라도 감내해야 한다. 회사를 다녀보면 알겠지만 욕 안 먹고 일을 잘하기란 여간 쉽지 않다. 일을 잘한다는 것은 자신이 옳다고 믿는 방향으로 밀고 나가는 것이기 때문에 분명 누군가와는 부딪칠 수밖에 없다. 다 가질 수는 없으니 앞서 평가한 '내가 회사에서 중요하게 생각하는 요소'를 잘 들여다보고 원하는 것을 충족할 수 있는 부분 위주로 우선순위를 매기면 된다.

자, 이제 실행만 남았다. 나는 대학 때 건축학을 전공하면서 상담심리에 관심을 가지게 되었지만 복수전공을 바로 신청하지는 않았다. 대신 한 학기 정도 심리학 수업을 몇 개 신청해서 들어보았다. 힘이 많이 들지 않는 선에서 '찍먹'을 해본 것이다. 이렇게 가볍게 시도해보면 더 매진해도 될지 중단해야 할지 답이 나온다. 친구 한 명은 빵이 좋아서 베이커리 수업도 듣고, 고향집에 있는 오븐까지 옮겨다가 제빵을 시작했다. 하지만 집에서 몇 번 빵을 구워보고는 너무 많은 노력이 필요하다는 것을 깨닫고 바로 접었다. 빵을 좋아하던 또다른 친구는 자신의 반려견이 먹을 수 있는 케이크를 취미 삼아 만들곤 했다. 어느 날 다니던 회사에서 오래 일하기는 힘들겠다고 판단해 창업을 결심한 후, 출퇴근을 하면서 저녁이나 주말에 케이크를 구워 팔기 시작했다. 몇 번 해보니 적성에 맞고 반응도 좋아서, 본격적으로 해도 좋다는 확신이 들자 사직서를 제출했다.

진정으로 원한다면 회사를 다니면서도 시간을 쪼개어 '찍먹'을 시도한다. 흐지부지된다면 강렬하게 원하지 않았던 것이다. 대신 이렇게 안전망을 남겨두고 도전하는 것은 생계에 대미지도 없으면서 스스로를 더 많이 알아가는 소중한 시간이 된다.

위기는 기회라는 말도 있고, 급할수록 돌아가라는 말도 있다. 고민에 휩싸인 지금 이 순간이 원하는 게 무엇인지 파악할 수 있는 좋은 타이밍이다. 여러 가지 대안을 검토하면서 스스로의 욕구를 이해하고, 20~30년이 지난 후에는 과연 어떤 삶을 꿈꾸는지 생각해 보는 시간을 가졌으면 한다.

Q08 그렇게 들어가고 싶었던 회사였는데 다닐수록 저랑 안 맞는 거 같아요

팟캐스트 50화

분명 있다, 나와 잘 맞는 회사

_박PD

회사를 다닌다는 건 연애 상대를 찾는 일과도 같다. 처음엔 남들이 보기에도 매력 있는 사람, 잘나가는 사람을 선망하지만 막상 그 사람이 나와 잘 맞는가는 별개의 문제다. 대학 시절 S대 공대 '킹카'라 불리던 사람과 연애를 하게 된 친구가 있었다. 모두의 부러움을 샀던 그녀는 어느 날 술 한잔하자며 불러내더니 고민을 털어놓았다.

"도무지 말이 안 통해."

그 우스꽝스러운 연애담을 듣고 나서, 나는 스펙이 좋은 사람과 핏이 맞는 사람은 따로 있다는 생각을 했다. 킹카도 나와 맞지 않으면 그냥 괴로운 상대일 뿐. 사귀었다 깨졌다 하는 숱한 연애와 온갖 사회생활을 10여 년쯤 겪고 나서야, 나와 내 동창들은 괜찮은 인연이란 남들이 보기에 멋진 사람이 아니라 나와 잘 맞는 사람이라는 결론을 내렸다. 하지만 나와 잘 맞는 인연을 만나는 것도 여간 어려운 일이 아니다. 무엇보다 내가 어떤 사람인지 스스로 잘 모르는데, 나와 맞는 사람이 스스륵 나타나준다는 건 기적을 바라는 것과도 같았다.

직장을 구하는 일도 마찬가지다. 많은 초년생들이 회사에서 사람을 뽑는 걸 스펙으로 필터링하는 일이라 생각한다. 수능시험에서 점수에 따라 당락이 결정되는 것처럼 말이다. 회사는 '더 잘난' 사람을 뽑을 것이고 내가 떨어진 이유는 뭔가 '부족해서'라고 생각하기 쉽다. 하지만 기업들 입장에서도 함께 일해줄 사람들을 애타게 찾으며 러브콜을 보내고 있는 건 마찬가지다. 사실 우리 회사와 '잘 맞는' 짝이 나타나주길 그들도 기다리고 있는 것이다.

수십 개의 자소서를 넣고도 계속 탈락의 고배를 마셨던 J씨는 어느 날 모 회사에서 추가합격 통지를 받았다. 영업지원직을 보고 서류를 넣었던 회사였다. 그런데 엉뚱하게도 지원직에서는 떨어지고 영업직에 합격했다. 그녀는 훗날 상사에게 자신이 지원했던 자리에서 떨어진 사연에 대해 듣게 됐다.

"J씨의 자소서를 처음 봤을 때 굉장히 열정이 넘치고 활발한 사람이라는 느낌을 받았어요. 하지만 사실 J씨가 지원했던 영업지원직은 뒤에서 묵묵히 다른 사람들을 뒷받침해줘야 하는 자리거든요. 이렇게 열정적인 사람이 과연 지루한 일을 견딜 수 있을까 하는 생각이 들었던 거죠. 그런데 얼마 후 영업직에서 한 명이 퇴사하면서 자리가 났어요. 그때 J씨의 자소서가 떠올라서 다시 연락해본 거예요. 영업직이라면 잘 맞겠다는 생각이 들었거든요."

J씨 사례처럼 많은 사람들이 입사 지원을 했다 떨어진 후에 '내가 뭐가 부족할까?'를 많이 생각하게 된다. 하지만 '부족한' 게 아니라 그 직무 혹은 회사와 '맞지 않기' 때문에 탈락했을 가능성도 생각해 볼 필요가 있다. 회사에서 사람을 뽑는 일은 필터링보다는 매칭에 가까운 작업이기 때문이다.

〈언슬조〉 방송에 출연한 어느 대기업 인사담당자분에게 단도직입적으로 물었다. 채용에 중요한 건 스펙인가요, 핏인가요? 그분은 망설이지 않고 핏이라고 답했다. 물론 너무 많은 지원서가 들어오기 때문에 1차에서는 스펙이나 토익점수로 거를 수밖에 없다. 하지만 채용을 확정하는 결정적 순간에는 회사나 직무와 잘 맞는 사람인지를 더 고려한다는 것이다. 한 예로 서울대 졸업에 국가장학생

타이틀을 가진 사람이 지원한 적이 있는데, 막상 뽑는 자리는 작은 일을 도와야 하는 직무였다. 그런 사람이 그 자리에 오래 있기 힘들 것이라는 판단에 회사는 결국 채용을 거절했다고 한다.

그렇다면 나와 맞는 회사는 어떻게 찾을까? 첫째, 나에 대해 잘 아는 게 중요하다. 이때 내가 원하는 것을 따지기보다는 내가 견딜 수 없는 게 무엇인지를 생각해보는 게 더 낫다. 사람들이 주로 입사를 후회하거나 퇴사를 결심하는 이유는, 원하는 게 없어서라기보다 무언가를 견딜 수 없기 때문이다. 예를 들어 '재미없는 일을 하는 것은 괜찮은데 워라밸이 없는 건 못 견디겠어' 혹은 '급여가 적은 건 괜찮은데 사람이 싫은 건 못 견디겠어'처럼, 내가 견딜 수 있고 견디지 못할 조건들을 하나씩 알아가는 게 중요하다. 5년 동안 네 번의 퇴사와 이직을 겪은 하니씨는 〈언슬조〉 게스트로 출연했을 때 이런 이야기를 들려주었다.

"처음 들어간 회사에서는 제가 원했던 직무를 할 수 없었어요. 성장도 없는 갈라파고스 같은 회사여서 이대로 가다간 영영 내가 하고 싶은 일을 못 하겠구나 싶었죠. 그래서 계약직 기간이 끝나자 그만뒀어요. 그리고 두번째는 직원이 300명쯤 되는 꽤 괜찮은 중견기업이었는데, 밤낮없이 일해야만 했어요. 야근 후 퇴근길에 지하철역까지 자면서 걸어갈 정도로요. 2년을 버티다 결국 이러다간 몸이 남아나지 않겠다 싶어서 과감하게 퇴사를 결심했죠. 세번째는 아주 작은 회사였는데 상사가 직원들에게 너무 함부로 대하는 걸 보고 나왔어요. 그리고 네번째 회사에 입사했을 때, 비로소 저와 잘 맞는 상사를 만났고 제 실력도 인정받을 수 있었어요."

하니씨는 마지막 회사에서 자신과 궁합이 잘 맞는 상사를 만난 점을 오래 다니고 싶은 이유로 꼽았다. 상사는 빠른 일처리를 우선시하고 작은 실수는 개의치 않는 사람인데, 이런 점이 하니씨의 장단점과 꼭 맞았다고 했다. 누구나 한 번에 잘 맞는 직장을 찾기는 어렵다. 하지만 어디든 들어가서 직접 일을 해봐야 내가 어떤 사람인지, 무엇을 견딜 수 있고 없는지 알 수 있다. 너무 이른 타이밍에 자신이 부족하다고 생각하지 않았으면 한다.

둘째, 솔직하라. 인사담당자 K씨는 지원자들이 면접에서 솔직한 모습을 많이 보여줄수록 호감도가 높아진다고 말한다. 천편일률적으로 말끔하게 꾸며진 모습만으로는 어떤 사람인지 판단하기 쉽지 않다. 채용하는 입장에서도 판단하기 어려운 사람보다는, 조금이라도 더 자기 자신을 드러내는 사람을 고려하게 된다. 그리고 장점만 있는 사람은 없다. 아무래도 나의 장점과 단점을 솔직하게 말하는 사람에게 신뢰가 가는 법이다.

초반에는 누구나 스스로 어떤 것을 원하는지 어떤 직무에 잘 맞는지 알기 어렵다. 하지만 연차가 쌓이면서 몇 번의 시행착오를 겪고 나면, 내가 견딜 수 있는 것과 내가 원하는 것을 분명히 알게 된다. 내가 어떤 사람인지 잘 아는 때가 되면 나와 잘 맞는 회사를 보는 눈도 생긴다. 그 경험치가 쌓이면 나와 안 맞는 회사들은 과감히 거르고 면접 때 자신감도 갖게 된다. 스스로를 많이 돌아본 사람이 자기소개를 잘할 수밖에 없다. 과감하고 솔직하게 나를 어필하고, 나를 인정해주는, 나와 맞는 회사를 만나자.

입사 1년 차에 퇴사하겠다던 동기는 10년째 재직 중.
설부른 판단은 금물!
안 맞는 포인트를 정확히 짚어봐요.

이직 기회가 온다면 주저하지 말고 도전해보세요.
외부인의 관점으로만 보던 회사를
경험할 수 있는 좋은 기회거든요.

Q09

도무지 적성에 안 맞는 커리어, 지금 바꿔도 늦지 않을까요?

팟캐스트 67화

커리어에 정해진 때라는 건 없다

_박사원

나는 직무전환을 많이 했다. 해외영업직으로 시작해 IT영업을 거쳐 마케팅으로 옮긴 후, 지금은 미국에서 UX디자이너로 일하고 있다. 그사이에 전략기획, 사업개발, CS(고객관리)를 하기도 했다. 모두 사회생활을 시작한 지 5년 안에 일어난 일이다. 혹자는 '이렇게 해서 전문성을 키울 수 있나?'라고 생각할 수도 있다. 하지만 영업과 마케팅을 하며 기른 커뮤니케이션 스킬, 협업 능력, 프로젝트 매니징 능력이 오히려 UX디자이너로서 차별화 포인트가 되었다고 생각한다.

사실 영업을 커리어로 고려한 적이 없다. 하지만 한국의 채용구조에서 원하는 직무로 취업하기란 쉽지 않은데다, 안 그래도 힘든 취업시장에서 직무 선택권은 좀처럼 주어지지 않는다. 나 역시 그런 케이스였다. 첫 회사에서 문과생이라는 이유로 영업파트로 배치되었지만 희망한 적은 없었다. 원래 더 크리에이티브한 일을 하고 싶던 나에게 제조업 회사의 군대식 영업문화는 고역이었다. 그렇다고 어렵게 취업한 대기업을 관둘 용기도 쉽사리 나지 않았다.

〈언슬조〉에 사회 초년생 당시 내가 직면했던 딜레마를 겪고 있는 사연들이 종종 들어온다. "하나만 붙자는 마음으로 취업해서 영업부서에 배치가 됐는데 저와 잘 맞지 않아요. 요즘은 경영컨설팅에 관심이 가는데 이직할 수 있을까요?" "경영지원에 지원했는데 전략기획에 배치됐어요. 숫자에 약해서 실무도 어려운데 팀에서 도와주지도 않아요. 부서이동이 가능할까요?"

직무전환은 단계적으로 접근할 필요가 있다. 첫째, 현재 직무의 어떤 점이 나와 안 맞는지 파악해야 한다. 먼저 직무가 안 맞는 것인지, 팀이나 회사의 분위기와 안 맞는 것인지 객관적으로 따져봐야 한다. 만약 후자라면 굳이 직무를 바꾸지 않고 다른 팀에 조인하거나 다른 회사로 옮기면 해결할 수 있다. 염두에 두어야 할 것은 산업이나 회사마다 같은 직무라도 하는 일이 조금씩 다를 수 있다는 점이다. 예를 들면 같은 마케팅이라도 브랜드 마케팅과 그로스 마케팅은 역할이 굉장히 다르다. 해당 직무의 세부 분야가 여럿이고 그중에 더 관심이 가는 분야가 있다면, 굳이 직무를 완전히 전환하지 않고도 더 맞는 일을 할 수 있을 것이다.

둘째, 하고 싶은 다른 직무가 있는지 스스로에게 물어봐야 한다. 하고 싶은 일이 확실히 있다면, 일단 현재 회사에서 그 일을 하는 팀으로 이동이 가능한지 알아보는 걸 추천한다. 이를 위해 '밑작업'이 필요하다. 문대리는 이것이 해당 팀의 사람들과 식사를 하거나 티타임을 가지며 팀 분위기나 헤드카운트 현황 등을 파악하는 것이라고 말한다. 이과장은 '목마른 놈이 우물 판다'는 심정으로 적극적으로 그 팀의 팀장님과 동석하고 자신을 어필할 수 있는 기회를 만들라고 조언한다. 만약 그 팀의 팀원들과 친해지는 게 어렵다면, 굳이 그 팀이 아니더라도 회사 내에 팀 이동 경험이 있는 사람들을 만나보는 게 좋다. 이동 과정이 어떤 식으로 이뤄지는지, 누구의 설득이 필요한지 등을 배울 수 있기 때문이다.

만약 바꾸려는 직무가 현재 자신의 직무와 관련성이 적다면, 이 일을 하기 위해 무엇이 필요한지 알아볼 필요가 있다. 내 경우 마케터에서 UX디자이너가 되기 위해 필요한 것은 디자인 스킬과 실무 경험이었다. 그래서 유튜브를 보며 스케치(당시 디자인툴)를 독학해

포트폴리오를 만들었고, 미국 대학원에 입학해 UX디자인 인턴십에 참여했다. 만약 직무전환에 무엇이 필요한지 모르겠다면 링크드인에서, 본인이 가고 싶은 회사에서 일하는 사람들을 찾아 그들의 이전 이력에서 힌트를 얻을 수도 있다. 그중 자신과 비슷한 배경에서 직무전환을 한 사람이 있다면 메시지를 보내 그 사람이 거쳐온 길을 물어보는 것도 방법이다.

물론 자신의 적성을 모를 수도 있다. 하지만 문대리는 적성을 명확히 모르더라도 관심 가는 일을 할 기회가 생기면 적극적으로 시도해보라고 권한다. 만약 이전 직무로 다시 돌아가더라도 그 결정 또한 배움이고 수확이기 때문이다. 이과장 역시 소거법을 통해 적성을 찾는 것도 방법이라고 한다. 하지만 적성을 알아도 타이밍이 안 맞을 수도 있다. 나 역시 UX디자인에 관심이 생긴 건 대학교 4학년 때였지만, 관련 학위와 경력이 없는 상태에서 바로 도전할 엄두가 나지 않았다. 오히려 졸업 후 영업 일을 하다가 IT회사에 취직하면서 업무에서 UX디자인과의 접점이 생겼고, 흥미가 생긴 지 5년 만에 UX디자이너라는 직업을 가질 수 있었다. 이처럼 원하는 걸 포기하지 않는다면 내가 지나온 궤적과 관심 분야 간의 접점이 생기는 타이밍이 올 수 있다.

셋째, 회사 안에서 직무전환의 기회가 없다면 회사 밖도 고려해보길 바란다. 'N잡러' '다능인'이라는 말이 유행할 정도로 여러 직업을 가질 수 있는 시대다. 전자책을 내면 작가가 될 수 있고, 소셜미디어를 통해 마케터나 큐레이터가 될 수도 있다. 클래스101이나 탈잉에서 강의를 열어 강사가 되는 것도, 크라우드펀딩을 통해 창작자가 되는 것도, 북클럽을 통해 커뮤니티 운영자가 되는 것도 가능하다. 각종 플랫폼의 범람으로 굳이 회사가 아니더라도 하고 싶은 일을 하고 자신을 알릴 수 있는 길이 많아졌다. 회사가 기회를 주지 않는다면 회사 밖에서 내가 하고 싶은 일을 그냥 하면 된다.

자신의 직업이 일곱 개라 말하는 에밀리 와프닉은 저서 『모든 것이 되는 법』에서 이를 "아인슈타인 접근법"이라 정의한다. 과학계의 상징 알베르트 아인슈타인조차 본업이 물리학자가 아니었다. 특허 사무소 직원이었던 그 또한 남는 시간에 짬짬이 특수상대성이론을 연구했다고 한다. 먹고사니즘을 해결하기 위해 현재의 직업을 당장 버리지 않더라도, 부업으로 열정 있는 일에 시간을 쏟는 것이다. 당장 월급으로 돌아오진 않을지라도 그 일에 쏟은 시간이 내 경력과 능력이 될 것이고, 그것이 쌓이면 기회로 이어질 수 있다.

필요에 따라서는 돈벌이, 직무, 하고 싶은 일을 분리시켜 생각할 필요가 있다. 세 가지가 일치한다면 가장 이상적이겠지만, 당장 그렇지 않더라도 하고 싶은 일을 포기하진 않았으면 좋겠다. 직무전환, 이직, 퇴사 등을 생각하면 가장 먼저 당장의 월급이나 주변의 시선 등이 걱정되기도 할 것이다. 하지만 43년간 식당 일만 했던 박막례 할머니도 70대에 유튜버로 제2의 인생을 사는 시대 아닌가.

물론 지금이 '그때'가 아닐 수도 있다. 나 역시 첫 회사에서 방진복을 입고 공장 라인에 들어갈 때마다 '나는 누구, 여긴 어디, 이 일에 끝은 있을까'라며 되뇌던 기억이 난다. 그때는 전배도, 이직도 다 잘 풀리지 않았다. 내가 미국에서 UX디자이너를 하고 있을 거라곤 상상조차 해본 적 없다. 그러나 '평생 여기서 일할 건 아니야'라는 마음으로 버틴 것 같다. 가슴 깊은 곳에서 울리는 내가 진짜 하고 싶은 일, 진짜 살고 싶은 삶에 대한 목소리에 귀 기울이려 노력했다. 현실과 이상 사이의 간극에 어떻게 징검다리를 놓아야 할지 확실하지 않았지만, 그 소리가 이끄는 대로 퇴사를 하고 스타트업에 조인하는 등 가장 작은 일들부터 도전해봤다.

스티브 잡스는 "Connecting the dots"라는 유명한 말을 남겼다. 나는 '인생에 쓸모없는 우연은 없다'라는 의미의 이 말이 클리셰일 뿐, 희망고문이라고 생각했다. 그런데 돌이켜보니, 결국 그 점들이

모여 지금까지의 길이 되었더라. 전혀 관련없어 보이는 점들을 관통하는 하나의 테마가 있었기 때문이다. 덕분에 지금은 업과 열정이 일치하는 일을 하며 너무나도 감사하고 행복한 삶을 살고 있다.

물론 나의 노력이 당장의 변화로 보이지 않을 수 있다. 끝이 보이지 않는 터널에 있는 느낌이 들 수도, 좌절할 수도 있다. 내가 이제까지 탈락한 회사를 세보면 도합 200군데가 훌쩍 넘는다. 그렇게 해서 간신히 붙은 첫 회사는 1년 만에 관뒀다. 무급으로 일하기도 했고, 5년의 경력을 버리고 새로운 땅에서 새로운 일을 바닥부터 다시 시작하기도 했다. 노력이 당장의 변화로 보이지 않더라도 자기 자신을 포기하는 일만큼은 절대로 없었으면 좋겠다. 인생의 가장 큰 장애물은 내 진심에 귀 기울이지 않는 나, 스스로를 믿지 않는 나라고 생각하기 때문이다. 자신에 대한 믿음을 잃지 않는다면, 그것이 생각하지 못했던 기회로 언젠가 찾아올 수 있다고 믿는다.

혹자는 일을 통한 자아실현은 지양하라고 말한다. 하지만 내게 가장 잘 맞는 형태의 업을 찾아가는 과정이 우리를 좀더 행복하게 만들지 않을까? 지금 일이 내게 맞는지 맞지 않는지 판단할 수 있다는 자체가 이미 행복에 한걸음 더 가까워졌다는 뜻일 것이다.

Q10

대학원, 차 한 대보다 더 비싼 자기계발 꼭 필요할까요?

팟캐스트 112화

미래의 무기가 될 수 있다면

_김부장

〈언슬조〉에 대학원 관련 사연이 꽤 많이 온다. 대학원을 가는 게 좋을지, 대학원 진학이 정말 커리어에 도움이 되는지, 가게 된다면 주간을 가야 될지 야간을 가야 될지 등을 상담하는 것이다. 최근까지 대학원을 다닌 이과장과 나, 우리가 대학원을 간 이유는 이랬다.

먼저, 왜 회사를 다니다가 석사 공부를 하게 되었을까? 나 같은 경우 높은 직급까지 올라가려면 경영이나 경제학 학위가 필요할 거라고 생각했다. 학부 때 경영학이나 경제학을 부전공으로 선택하는 선후배나 친구들이 좀 있었지만, 나는 언어학을 공부하고 싶었던 터라 그쪽에 전혀 관심이 없었다. 그런데 회사에 입사해서 보니 '아, 여자는 특히나 경영·경제 분야를 좀 알아야 위로 올라갈 수 있겠구나'라는 생각이 들었다. 예전과 비교해보면 지금은 많이 변했지만, 90년대만 하더라도 여성 임원은 눈 씻고 보아도 찾기가 힘들었다. 그나마 경영이나 경제 분야를 전공하거나 좀 안다고 하는 여자 선배들이 승진하는 것을 보면서 대학원을 가야겠다고 생각했다.

야간 대학원을 다녀야 할까, 아니면 회사를 그만두고 일반 주간 대학원을 다녀야 할까, 고민은 끝이 없었다. 어린 나이였던 나는 뭔가 하려면 지금 빨리 시작하는 게 좋겠다고 생각했고, 야간 대학원을 가면 왠지 이도 저도 아닐 것 같았다. 하지만 회사를 그만두고 대학원에 진학한다는 것은 엄청난 기회비용이 발생하는 일이었다. 그래서 일단 경영학 공부에 적성이 맞는지부터 보기 위해 회계학원을 다니기 시작했다. 회계학원에서 회계원리, 거시경제, 미시경제 과목을 듣다보니 적성에 찰떡같이 맞는 건 아니었지만 그렇다고 영 재미가 없는 것도 아니었다. 결국 눈 딱 감고 대학원에 진학하기로 결심했다.

돌아보면 정말 공부를 원했다기보다는 경영학 전공이라는 타이틀이 필요했던 것 같다. 진리탐구 정신이 전혀 없었다고 할 수는 없지만, 조금은 불순한(?) 생각으로 공부를 시작한 게 사실이다.

박사과정에 진학할 때는 석사 때와는 상당히 다르게 접근했다. 유통산업 애널리스트를 하던 경력으로 커머스 기업으로 이직해 전략 일을 시작하면서, 나는 새로운 공부의 필요성을 느끼게 되었다. 유통이 기술과 결합해 이커머스가 되다보니 자연스럽게 기술경영에도 관심이 생겼다. 하지만 회사에서 관련된 내용을 이론적으로 배우기에는 뭔가 부족했다. 앞으로 10년, 20년을 먹고살려면 현재 떠오르는 트렌드를 배우는 것뿐만 아니라 지식에 조금 더 깊이가 있어야겠다고 생각했다. 경영학 석사를 마쳤다고 하더라도, 거시적이고 이론적인 전략이나 조직 분야에 대해서는 문외한이었다. 그래서 박사과정 때는 공부 자체가 목적이 되었다.

이과장도 석사과정을 밟은 동기가 나와 상당히 비슷했다. 이과장은 학부에서 법학을 전공했는데, 계속 파이낸스 쪽에서 일하다보니 전문성을 키워보고 싶어서 경영·경제 혹은 금융 쪽 대학원에 진학하게 되었다. 무엇보다 전통자산이 수익을 못 내다보니 금융산업에서도 파생상품에 집중하는 사람들이 증가하게 됐는데, 이러한 상황이 결정적인 역할을 했다. 경영학과도 이과도 아닌 터라 파생상품을 디자인할 수는 없지만, 최소한 보는 눈은 있어야겠다 생각한 것이다. 아무것도 모르면 끌려다니기만 하다가 직장인으로서 운명이 다할 수 있으니 지식을 좀더 쌓을 필요도 있었다. 그뿐만 아니라 기업에서 높은 자리에 올라가서 일을 시키고 제대로 판단하려면 좀더 이론적으로 배워야 했던 것이다. 이런 분야에 여성 비율이 높지 않으니 본인 업무를 하면서 관련 석사학위가 더해지면 '아, 잘리지 않고 계속 가겠다'라는 생각도 있었다. 지적 허영심이랄까, 왠지 석사 이름 한 줄 더 얹고 싶은 마음도 없지는 않았다.

그렇다면 우리는 대학원 공부를 통해 무엇을 얻었을까? 지적 호기심이라고 해야 할지 지적 허영심이라고 해야 할지 모르겠지만, 내 경우 일단 상당한 지식을 축적한 것은 사실이다. 무엇보다 가장 큰 수확은 따로 있다. 전혀 의도하지는 않았지만, 직업에서의 피보팅(pivoting)에 성공할 수 있었다는 점이다. 석사 진학 전에는 사원으로 대기업을 다니다가 석사 졸업 후에 애널리스트의 길을 가게 되었다. 박사 수료 후에는 애널리스트에서 업그레이드된 느낌으로 최근 각광받는 파이낸스 분야에서 일하게 되었다.

이과장은 아직은 석사 진학 전과 비슷한 일을 하고 있지만 금융업계 내에서 피보팅을 포함한 이직을 위해 힘쓰고 있으며, 그럴 때 대학원 경력이 적잖이 도움이 되고 있다. 이과장의 대학원 동기나 후배 중에도 언젠가의 피보팅을 위해 석사 공부를 하는 학생들이 꽤 많다. 물론 대학원이 피보팅이나 확실한 미래를 보장해주는 것은 아니지만, 기회를 넓혀주는 면은 분명히 있다.

마지막으로 어떤 사람들에게 대학원 진학을 추천하면 좋을까? 결론부터 말하자면 뭔가 불안하다, 지금 뭐라도 해야 되겠다, 다음 단계를 준비해야겠다 하는 사람들은 대학원 진학을 고려하는 것도 괜찮다. 대학원을 통해서 같은 분야에서도 진로를 바꾸거나, 혹은 아예 다른 분야로 진로를 바꾸는 경우도 꽤 있다. 예를 들어 현재 건설사에 다니고 있는데 프로젝트 파이낸싱 업무를 하고 싶다고 가정해보자. 이 경우 원래 직장 경력은 건설이 베이스지만 금융을 알고 싶은 것이다. 알음알음 뽑는 경력직의 특성상 네트워크를 알면 취업이 더 빠를 수 있는데, 이를 염두에 둔 사람들은 학문보다는 인맥을 위해 대학원에 진학할 수도 있다.

주간과 야간 중에 고민하는 경우, 진리를 탐구하고 싶다면 일반 주간 대학원을 추천한다. 물론 현실적인 문제가 있다면 야간 대학원에서도 충분히 학문의 뜻을 펼칠 수 있다. 박사과정 역시 진리탐구에 주력하고 싶은 사람은 주간을 권한다. 회사를 다니면서 석사도 아닌 박사과정을 주경야독으로 마치는 것은 생각보다 꽤 힘들다.

대학원에 진학하면 이력서에 석사 한두 줄이라도 채워지니까 좋지 않나, 이런 생각으로 단순하게 접근할 일은 아니다. 몇 년의 시간, 몇천만 원에 달하는 돈 그리고 엄청난 노력을 투입해서 얻는 게 무엇인지 철저하게 분석해볼 필요가 있다. 그럼에도 불구하고 앞에서 이야기한 몇 가지 장점이 추후 나에게 무기가 될 수 있다면 대학원 진학을 추천한다.

대학원이라는 비싼 자기계발이 꼭 필요할까? 이렇게 기회비용이 너무 큰 대학원 진학 외에 어떤 자기계발을 하면 좋을까? 40대로 접어들면 승진은 멈춘 것 같고 이제는 점점 하강하는 느낌이 강해진다. 퇴사 후 현상유지라도 하려는 불안감으로 쫓기듯이 강의나 자격증을 찾아 자기계발을 하지만, 투자하는 시간과 돈에 비해 늘 만족감이 떨어진다.

나는 소위 자기계발이라고 부르는 활동들을 쉬지 않고 해왔다. 대학 졸업 전부터 직장생활을 하는 동안에도 어학은 기본이고, 가장 최근에는 독서모임까지 손을 안 대본 게 없을 정도다. 문제는 이런 자기계발들이 시간과 노력에 비해서 과연 얼마만큼의 쓸모가 있었는지 종종 곱씹어보게 된다는 점이다. 나도 막연하게 미래를 위해 보험을 든다는 느낌으로 미국공인회계사(AICPA) 자격증을 따려고 시간과 돈을 투자한 적이 있었다. 그런데 곧 회계사 공부가 생각만큼 맞지 않는다는 사실을 깨닫게 됐다. 맞지 않는데 억지로 하다보니 결국 그만두게 되었다. 이런 나에게 언젠가 신차장이 들려준 자기계발 경험은 상당히 인상적이었다.

신차장은 아이러니하게도 실용적인 목표는 없었다고 한다. 오히려 20대에 미친듯이 즐겁게 배운 재즈댄스가 돈이나 시간이 아깝지가 않았다. 그 생각은 지금도 마찬가지다. 하체 비만을 해결하려고 시작한 건데, 목표는 이루지 못했지만 그와 상관없이 굉장히 즐거웠기에 시간이나 돈을 낭비했다는 후회는 전혀 없었다. 재미있는 점은 당시에 별다른 효과를 보지 못했던 경험들이 30대에 와서야 효과를 보였다는 것이다. 20대에 했던 댄스나 운동 덕분에 30대에 웨이트 트레이닝을 제대로 배우면서 하체 비만 문제가 서서히 해결되었고, 결과적으로 20대에 투자한 경험들이 쓸모없었던 건 아니었다.

나 역시도 숱한 시행착오 끝에 '뭘 하든 내가 좋아해야 결국 오래가는구나'라는 교훈을 배우게 된 1인이다. 다만 자기계발을 위해 보낸 시간들이 전부 내 인생에 도움이 됐다고 생각하기 때문에, 대부분 좋은 기억으로 남아 있다. 적성에 맞지는 않았지만 오랜 시간이 지나 도움이 된 경우도 있었고, 꼭 실용적인 목적으로 시작하진 않았더라도 미친듯이 즐겁게 한 일은 훗날 나에게 어떤 형태로든 도움을 주었다.

이과장도 나와 비슷하다. 본인이 했던 자기계발에 대해 '세상에 쓸데없는 짓은 없구나'라고 생각한다. 금융회사에서 일하는데 경제·경영 전공자가 아니라는 사실이 늘 마음에 걸렸던 이과장도 역시 나처럼 AICPA 시험 준비를 하다가 결국 제대로 끝마치지 못했다. 처음에는 '내가 특별히 좋아하지도 않는 공부에 이런 돈 낭비, 시간 낭비를 왜 했나'라고 생각했던 때도 있었다. 하지만 경제 관련 대학원에 진학하고 보니 CFA(국제공인재무분석사)와 AICPA를 준비하면서 공부했던 내용이 은근히 유용했다. 일정한 목표 달성에 실패한 채 시간과 돈만 투여된 자기계발 때문에 속이 쓰릴 수도 있으나, 그 경험이 미래에 어떤 초석이 될 수도 있음을 배운 것이다.

혹시나 지금 이 글을 읽는 여러분도 단순히 불안감이나 막연한 미래 때문에 각종 강의와 자격증을 뒤지고 있다면, 일단 '얼마나 좋아하고, 얼마나 하고 싶은 일인가'를 먼저 생각해보시라. 그리고 중간에 포기하더라도 일단 발이라도 담가봐야 내가 정말 좋아하는 게 무엇인지 알 수 있다는 점을 명심하시라. 목표를 달성하면 물론 좋겠지만, 달성하지 못하더라도 최소한 내가 좋아하는 일을 했으니 좋은 기억으로 남을 수도 있으니까. 당장은 돈과 시간 낭비처럼 보이는 자기계발도 이과장 말처럼 종종 훗날 도움이 되기도 하니까.

Q11

해가 갈수록 점점 지치는 거 같아요. 이제 야근도 못 하겠더라구요

팟캐스트 102화

여자에겐 근육이 필요하다

_신차장

"타고나길 상대적으로 체력과 근력이 떨어지는 여자들이야말로 운동이 필수인 것 같아요."
운동 전도를 참 많이 했다. 부모님에게도 하고, 친구들에게도 하고, 지금은 남편이 된 남자친구에게도 했다. 후배 여직원들과 밥 먹을 때 꼭 당부하는 말이기도 하다.

다른 사람에게 '이건 꼭 하세요'라고 당부할 만큼 대단한 경력이 있거나 성과를 낸 건 아니다. 하지만 40년 넘게 살면서 내리막도 있고 가끔은 함정도 있는 길을 그나마 버티며 계속 걸을 수 있는 비결은 그 무엇도 아닌 체력임을 절절히 느꼈기에. 특히 앞으로 갈 길도 멀고 가능성이 무궁무진한 후배들은 미리 이걸 알고 대비했으면 하는 마음이 간절하다.

내 말을 듣고 난색을 표하는 이들도 있었다. "운동이 좋은 걸 모르진 않지만 막상 시작하려고 하니 쉽지 않네요." 그래서 자주 들었던 질문에 대해 내 생각을 공유하려고 한다. 비록 의사도 아니고 헬스트레이너도 아니지만, 체력이란 놈을 키우고 싶어서 20년 가까이 아등바등해온 사람의 경험담 및 후기 정도로 참고해줬으면 좋겠다.

"전 좋아하는 운동이 없어요. 무슨 운동을 해야 할지 모르겠네요."
보통 '운동'이라고 하면 땀을 뻘뻘 흘리면서 역기를 들거나, 아니면 유연성을 뽐내는 난이도 높은 자세 정도는 해줘야 할 것 같다. 나 역시 그런 편견이 있었다. 운동이라면 뭔가 그럴 듯한(?), 좀 많이 힘들어 보이는 것을 해야 할 것 같은 그런 편견.

내 첫 운동은 재즈댄스였다. 뭔가는 해야 한다고 생각했지만 소위 '운동 같은 운동'은 하기 싫었다. 움직이기를 극도로 싫어한 내가 그나마 좋아하는 것이 댄스였다. 그래서 대학 근처의 재즈댄스 학원에 등록해서 일주일에 두 번, 구석 자리에서 조용히 춤을 췄다. 그렇게 1년 반을 추다가 엉겁결에(?) 학원 주최 댄스공연까지 하게 되었다. 춤바람이 제대로 든 나는 취업 후에는 회사 근처 학원에 등록했다. 일주일에 세 번, 2년 반을 춤추면서 공연도 두 번 정도 했다. 그 이후 밸리댄스, 탱고, 요가, 필라테스, 발레, 그리고 웨이트까지. 나의 운동은 산을 넘고 물을 건너 여기까지 왔다.

어떤 것을 시작할 때의 계기는 언제나 간단했다. 재밌어 보여서 혹은 멋져 보여서. 하기 싫어지면 바로 그만뒀다. 세상에 하기 싫어도 해야 하는 것이 산더미인데 운동까지 억지로 할 필요가 있을까 싶어서. 운동 별거 아니다. 그냥 재밌어 보이는 걸로 시작해보자. 재밌어 보여서, 멋져 보여서, 친구가 같이 하자고 하니까 등등 어떤 이유든 좋다. 시작이 어찌되었든 계속할 수 있으면 좋은 거니까.

아무리 그렇게 얘기해도 좋아하는 운동이 없고 하고 싶은 것도 없다고? 그러면 걷자. 걷기도 훌륭한 움직임이다. 계속 걷다가 심심해지면 뛰어도 보고, 다시 지겨워지면 또 걸으면 되니까. 방에서 혼자 추는 막춤이라도 좋으니까 우리, 좀 움직이자.

"전 너무 바빠서 운동할 시간이 없어요."
솔직히 이런 말을 하는 사람들을 이해하지 못한 시기가 있었다. 아무리 바빠도 일주일에 두 시간 정도 운동하기가 힘들다고?

애를 낳고 나서 깨달았다. 운동할 마음의 준비를 하고, 옷을 갈아입고, 45분 동안 운동에 집중할 수 있는 시간을 가지는 것 자체가 힘든 환경도 있다는 것을. 나에게는 10분, 15분 정도의 토막 시간밖에 주어지지 않았고, 그나마 여유롭게 운동할 수 있는 것은 밤늦은 시간뿐이었다. 그마저도 할일이 남아 있거나 너무 피곤해서, 운동은 생각만 해도 질리는 상황이 부지기수였다. 그래서 애를 낳고 한동안은 침울했다. 앞으로 더욱더 체력이 필요할 텐데 내 몸 챙길 시간이 없었다. 그간 운동으로 스트레스를 풀어왔는데 이제 뭐로 스트레스를 풀지?

집착을 내려놓으면 새로운 것이 보인다고 했던가. 예전처럼 공들여 운동하며 내 몸을 챙길 수 있는 시기는 지났다는 걸 받아들이니, 그나마 있는 시간이라도 잘 활용해야겠다는 생각이 들었다. 그 이후로는 점심을 먹고 돌아오는 길에 사무실까지 걸어서 올라왔다. 사무실이 28층이니 천천히 걸어 올라오면 15분 정도 걸리는데, 생각보다 운동도 되고 '뭔가를 했다'라는 만족감도 컸다. 화장실에 가면 거울을 보며 간단한 스트레칭을 하고, 안 좋은 자세로 앉아 있는 걸 발견하면 바로 자세를 고쳤다. 이렇게 생활 속에서 작은 틈을 찾아 조금씩 몸을 정비해주며 놀란 점이 있다. 이 정도의 정성만으로도 고단한 하루를 보낸 몸의 피로도를 꽤 줄일 수 있다는 것. 그동안 시간과 돈을 들여야만 제대로 된 운동이라는 편견을 가지고 있었던 건 아닌지 되돌아보는 계기가 되었다.

공부도 몸으로 하고, 업무도 몸으로 하고, 연애, 출산, 육아도 몸으로 한다. '공부는 엉덩이 힘으로 한다'는 말은 많이 들어봤을 터. 그런데 정말 오래 앉아 있는 것은 허벅지와 엉덩이 근육이 튼튼할 때 가능하다. 머리가 아닌 엉덩이로 한다는 말이 괜히 나온 게 아니다.

20대 때 망가진 몸을 회복하고 체력을 기르기 위해 지금까지 쓴 돈만 해도 중형 외제차를 뽑을 정도가 될 것이다. 하지만 한 번도 아깝다고 생각한 적이 없다. 그 몸으로 지금까지 살고 있다고 상상해보면, 분명 다른 곳에서 다른 일을 하며 지금보다 훨씬 덜 충만한 삶일 거란 확신이 들기 때문이다.

체력이 전부라고 말하지는 않겠다. 하지만 이게 없으면 너무 귀찮고 피곤한 일이 많아진다. 적어도 내 몸에 발목 잡히지 않도록, 우리 조금만 더 건강하고 조금만 더 튼튼해지자.

Q12

번아웃이 온 거 같아요. 남들은 더 힘들게 사는데 이 정도로 힘들다고 해도 될까요?

팟캐스트 149화

거기 당신,
지금 잘하고 있어요

_문대리

할일이 태산 같은데 도저히 일이 손에 잡히지 않는 기분을 느껴본 적 있는가? 내 몸인데 어쩜 이렇게 내 마음대로 움직이지 않을 수가 있나 싶다. 이거 정말 미칠 것 같다. 피곤해서 자려고 누웠지만 잠이 오지 않아 미칠 것 같은 기분이랑 비슷하다. 누군가는 생기가 없고 타인을 만나도 온기가 느껴지지 않는데다가, 젖은 촛불처럼 타오르지 못하고 축축 처진다고까지 표현했다. 직장인들의 70퍼센트가 한 번쯤 겪는다는 바로 번아웃증후군이다. 번아웃증후군은 불면증, 체력저하, 자기혐오, 직무거부, 의욕감퇴, 무기력증 등과 같은 증상을 동반한다.

10년씩은 일해야 이런 번아웃 증상이 생긴다고 오해하는 사람도 많지만 고작 1년만 일해도 번아웃을 겪을 수 있다. 어떤 이는 부모님께 번아웃을 호소해봤지만 고작 3년밖에 안 된 사원이 무슨 번아웃이냐며 다른 사람들은 더 힘들게 산다고 타박만 받은 경우도 있다고 한다. 물론 부모님 세대는 번아웃이라는 단어도 낯설고, 20~30년 지난 시점에서 떠올려보자니 과거 신입 시절 겪었던 어려움이 까마득해 기억나지 않을 것이다. 어른이 돼서 뒤돌아보면 어릴 때가 걱정 없이 좋은 시절이었다고 미화하는 것과 같다.(사실은 지금 걱정하는 만큼이나 비슷한 정도의 걱정을 했고, 단지 걱정의 종류가 달라졌을 뿐인데 흔히들 잊어버린다.) 그리고 내가 당장 죽겠는데 남의 힘듦과 비교하는 것은 아무런 도움이 안 된다. 그러니 쓸데없는 비교나 공감해주지 못하는 부모님, 친구들은 뒤로하고 자신을 돌아볼 차례다.

당신이 번아웃을 겪고 있다면? 당신은 완벽주의자이고, 성취욕이 높고 일에 열정적이고 책임감이 강하고 업무량이 엄청날 것이다. 이중에 100퍼센트는 아니어도 절반 이상 맞는다고 확신한다. 여기에 몇 가지를 더해보자면 자기 자신을 칭찬하는 것에 인색하고, 원하는 것이 뚜렷하지 않고, 쉬는 시간이 주어져도 어떻게 쉬는지 잘 모르며, 몸과 마음이 지치는 타이밍에 둔감하다. 여기에 해답이 있다.

완벽주의의 허상을 알아야 한다. 일을 완벽하게 하는 것에 몰두하다보면 자신의 건강과 행복이 최우선이라는 사실을 잊게 된다. 죽는 순간이 다가왔을 때 '사랑하는 사람과 더 좋은 시간을 많이 보낼걸' 내지는 '도전할 수 있을 때 도전해볼걸'이라고 후회하지 '그때 그 일을 더 완벽하게 할걸' 하며 후회하는 사람은 없다. 더불어 완벽주의는 일의 성과와 상관관계가 낮다는 사실을 기억해야 한다. 완벽주의에 매몰되면 더 중요한 것을 놓치게 된다.

성취욕이 높은 사람은 성실하고 책임감이 강하며 열정적인 경우가 많다. 높은 성취를 달성해야 하기 때문에 스스로를 채찍질하기 쉽고, 실제로 스스로 견딜 수 있는 수준을 넘어서는 많은 일을 감당하는 경우가 부지기수다. 그러므로 잘 점검해봐야 한다. 원하는 수준이 지금의 역량으로 성취할 수 있는 것인가? 객관적으로 짚어봐야 한다. 3년 차에 15년 차 파트너사를 상대하면서 완벽하고 싶었던 적이 있었다. 너무 힘들었는데 정신을 차리고 보니 '스스로를 너무 과대평가하고 욕심을 부렸구나. 내가 성취할 수 있는 수준이 아니었구나'를 깨달았다. 그러고 나니 어찌나 안심이 되고 해방감이 들던지 눈물이 났다.

스스로의 욕구를 이해하기만 해도 가질 수 없는 성취에 대한 욕구

불만이 사그라든다. 그래서 원하는 게 무엇인지 이해하는 것은 중요하다. 지쳐 있는 그 순간이 업무 성과가 최고점을 보이는 때는 절대 아닐 것이다. 뭔가 더 가져야 한다는 압박감을 느끼고 초조한 순간일 것이다. 그 압박감과 초조함 이면에 스스로가 진정 뭘 원하고 있는지를 잘 살펴봐야 한다.

원하는 것을 찾으라고 많이들 말하는데, 그전에 원하는 것은 왜 찾아야 할까를 먼저 생각해보자. 쉽게 행복해질 수 있는 지름길이기 때문이다. 진짜 원하는 것을 찾아서 만족을 느끼면 정신과 육체에 살아갈 힘을 얻는다. 이것이 연료가 되어 우리는 다시 타오를 수 있다. 그걸 찾을 수 있는 방법을 묻는다면 일기와 명상을 추천한다. 글 쓰는 것이 낯선 사람이라도 아무런 자기검열 없이 (비도덕적이라거나 사회적으로 터부시되는 것들이라도 나 혼자 쓰고 아무에게도 보여주지 않을 거니까 솔직하게) 떠오르는 모든 것을 써봤으면 좋겠다. 특히 왜 이런 감정을 느끼는지 꼬리에 꼬리를 무는 질문을 하다보면 숨어 있는 욕구를 알아차릴 수 있다. 특히 자신이 중요하다고 믿고 달려왔던 성취가 사실은 타인의 잣대일 뿐, 내가 진짜 원하는 성취가 아니었음을 깨달을 가능성이 높다.

직장에서 롱런하기 위해서는 몸과 마음이 지치는 타이밍에 좀더 예민해질 필요가 있다. 인간의 수명은 늘어나고 있지만 유병장수하고 있는 것이 현실이다. 몸은 힘들다고 계속 신호를 보내는데 이것을 무시해버리면 고장나는 순간이 반드시 온다.

〈언슬조〉 이과장은 대학 때부터 풍족하지 않은 환경에서 살아남기 위해 끊임없이 아르바이트와 자기계발을 해왔다. 그러다 스물여섯 즈음 몸의 일부에 마비가 왔다. 한약을 먹고 침을 맞아 금방 회복했지만 서른이 되던 즈음에는 몸에 10센티미터가 넘는 엄청난 크기의 혹이 생겨 수술을 해야 했다. 의사는 분명 신호가 있었을 텐데 이렇게 될 때까지 몰랐느냐며 놀랐다. 그 당시에 스트레스가 많았는데, 자신의 힘든 감정을 외면하면서 '괜찮아. 괜찮아. 할 수 있어'라는 말로 달콤한 성취감 열매에 취해 스스로를 뒷전으로 한 것이다. 평소에 좀 둔한 편이기도 했지만 그 일을 겪은 후로는 자기 자신을 더 세심하게 돌본다고 한다. 이렇듯 나만큼 나를 잘 아는 사람이 어디 있느냐고 과신하기 쉽지만, 꽤 많은 사람들이 스스로의 상태를 '인지'하지 못해 병을 얻는다.

인지를 했다면 그다음은 쉬면서 연료를 채울 차례다. 번아웃이 온 사람들에게 쉬라고 하면, 일을 완벽하게 잊고서 잘 놀고 쉬지 못하는 경우가 대부분이다. 뽀로로도 노는 게 제일 좋다는데 왜 시간을 줘도 놀지를 못하니! 답답한 마음이다. 잘 쉬지 못하면 마라톤 같은 인생에 번아웃 같은 제동이 걸린다. 근육도 매일매일 일주일에 7일 운동하면 쑥쑥 클 것 같지만 그렇지 않다. 다이어트도 매일매일 빡세게 운동하면 체지방이 쑥쑥 빠질 것 같지만 그렇지 않다. 하루씩 푹 쉬어줘야 근육도 재생할 시간을 가질 수 있고, 체지방도 안심하고 사라질 수 있다. 우리 인생도 마찬가지다. 매일매일 일한다고 성취가 오르는 게 아니듯이, 잊을 때 잊고 재충전하는 것이 필수다.

아주 별거 아니지만 나에게 매우 별거인 것들로 연료를 채울 수 있다. 가끔 스스로에게 보상이 필요한 날, 나는 소중한 맛집에 찾아가서 평소 좋아하는 쌀국수를 먹는다. 그렇게 배가 든든할 수가 없다. 할일 없이 쉬는 날 혼자 싸구려 와인 한잔에 맛난 안주를 곁들여 먹으면, 그런 내 모습이 너어어어무 좋다. 먹는 것 말고도 운동을 하면 온전히 몰입할 수 있어서 좋은 휴식이 될 수 있다. 크로스핏을 하고 있는데 단시간 고강도 운동이다보니 그 시간만큼은 운동 외에는 아무것도 생각할 수 없는 상태가 된다. 운동에서 쾌감을 얻는 동시에 힐링의 시간이 되는 것이다.

마지막으로 번아웃에 대해 가장 강조하고 싶은 것이 있다. 주변의 누군가 혹은 자신이 지금 아무것도 할 수 없고 무기력하다면, 너무 새하얗게 태우다못해 지쳐서 나가떨어졌다면, 당장 해야 하는 일은 하나다. 지금까지 해온 성과에 대해 자신을 칭찬하는 일이다. 회사를 다니는 동안 번아웃이나 슬럼프, 우울감 같은 기분이 찾아오는 일이 몇 번 있었다. 나는 왜 이렇게 되었나, 뭘 잘못했나. 물론 잘못한 것이 있을 수 있다. 최고 결정권자의 눈 밖에 났던 순간, 잘한 일들을 한껏 어필하지 못한 순간, 가끔 일을 대충한 순간 등등. 하지만 지나간 일들을 떠올리는 건 그 순간 아무런 도움이 되지 않았다. 우린 스스로에 대한 칭찬에는 인색하고 평가에는 참 엄격하다. 한껏 높았던 기준을 끌어내리면 잘한 것들이 더 잘 보인다. 일이란 원래 잘하지 못한 게 두어 가지 있다면, 잘한 건 분명 여덟 가지나 있는 법이다.

하루를 사는 것이 수행이라는 말을 들었을 때는 왜 삶을 그렇게 고단하게 표현할까 싶었다. 별거 아닌 것처럼 보이는 꾸준한 일상을 반복하는 것이야말로 삶의 수행이며 대단한 일임을 이제는 안다. 그래서 일상을 살아가고 있는 우리는 대단하다. 가끔은 번아웃이 오고 무너질 때도 있지만 결국 돌아오면 되니까. 그건 돌아올 힘을 비축하는 시간이다. 그리고 빨리 돌아오려고 애쓰지 않아도 된다. 그저 작은 칭찬을 하고 정리도 하고 작은 행동을 하고, 그에 대한 또 작은 칭찬을 하고, 이렇게 반복하면 좋겠다. 번아웃이 오면 해야 할일은 바로 이거다. 칭찬, 정리, 실행! 이 글을 보고 있다면 지금 스스로 칭찬해주기. :D

이 일이 내가 꼭 해야 하는 일인지 생각해보세요.
일을 위한 일을 하면서
번'아웃!' 되어버리는 건 너무 속상하니까요.

동료가 전사회의에서 번아웃을 주제로 발표하는 걸 보면서
용기 있다 생각한 적이 있어요.
사실 누구나 겪는 건데 말이죠.
번아웃도, 휴식도 당연한 문화가 되면 좋겠어요.

Q13 사내정치 꼭 해야 하나요? 그냥 맡은 일 열심히 하면 알아주지 않을까요?

팟캐스트 86화

사내정치, 남자만 하라는 법 있나. 우리도 해보자

_박PD

<언슬조>에서 수다를 떨다보면 여자들이 조직에서 공통적으로 어려워하는 부분이 드러나는데, 그중 하나가 '남자들의 정치'다. 하루는 신차장이 말했다. 술자리를 피해 집에 일찍 갔다가 다음날 아침에 출근하면 남자 동료는 어느새 거래처와 이미 형 동생 하는 관계가 되어 있다고. 덧붙여서 자신이 얻은 영업정보, 그리고 거래처와의 관계를 자랑한다는 것이다. 한때 술과 골프로 대표되던 남자들끼리의 '관계 맺기'에 여자들은 때때로 소외감을 느끼곤 한다. 다만 최근 급변하는 정세로 술자리와 회식자리가 줄어들다보니 앞으로 조직생활에서 정치 활동이 불필요해지지 않을까, 따라서 여자들이 좀더 유리한 포지션을 차지할 수 있게 되지 않을까, 하는 희망을 가져볼 뿐이다.

하지만 술과 골프라는 도구만 바뀌었을 뿐 조직생활은 해야 하는 법. 재택근무가 늘어나도 사내 메신저에서 상사에게 수시로 친절한 이모티콘을 날리는 동료는 존재하고, 내가 관계 맺기에 노력을 기울이지 않는 동안 누군가는 여전히 예쁨을 받고 있다.

남자 동료가 거래처와 형 동생 관계를 맺는 동안 신차장은 다른 노력을 기울이기로 했다. 바로 상사의 가려운 곳을 긁어주는 것. 신차장의 상사는 영업에 열정이 많고 뛰어난 사람이었지만 문서 작성과 행정적인 업무에는 손을 잘 대지 않았다고 한다. 상사에게 종종 거추장스러운 보고서를 작성해야 하는 일이 떨어졌는데, 그는 그 일을 곧잘 미루는 편이었다. 신차장은 상사에게 보고서를 작성해야 한다고 알리는 대신, 시간이 날 때 본인이 그 일을 짬짬이 처리했다. 상사가 그 일에 손대고 싶어하지 않는다는 것을 잘 알고 있기 때문이었다.

"신차장은 정치를 하는 센스가 있는 것 같아."
어느 날 신차장은 이런 말을 들었다고 한다. 이것이 정치였나? 갸웃하긴 했지만 칭찬으로 받아들였다. 상사가 조금 귀찮아하는 행정문서 작성을 도와준 것뿐이었는데 상사는 곧 그녀에게 전폭적인 신뢰를 보이기 시작했다.

억지로 술과 골프를 함께하거나, 아부를 떨지 않아도 유연하게 관계를 개선시킬 수 있는 방법은 많다. 상사의 가려운 곳을 긁어주었던 일은 신차장 본인이 맡은 것도 아니었고 소위 '일 잘한다'에 속하는 업무도 아니었다. 하지만 신차장의 입장에서는 상사에게 주는 작은 선물인 셈이었고, 그다지 큰 에너지가 드는 것이 아니라면 상사가 바쁠 때 내가 살짝 처리하는 게 우리 팀을 위해 좋다는 판단이었다. 물론 보고서를 보낼 때 상사의 메일주소를 참조로 넣는 것은 필수. 만일 그 일이 팀에 진정 도움이 되었다면 센스 있게 티내는 정도는 애교가 되지 않을까? 상사를 위해 귀찮은 보고서를 처리했다는 것을 숨길 정도로 지나치게 겸손할 필요는 없다.

타 부서와의 협력이 필요한 업계에서 일하는 문대리는 가끔 다른 부서로부터 이런저런 성가신 부탁을 받기도 하는데, 싫은 티를 내지 않고 처리해주곤 한다. 내가 도와준 만큼, 우리 부서에서 아쉬운 걸 부탁하기도 좋다는 것이다. 다른 부서에 친밀한 사람들을 많이 만들어두는 것도 조직생활에서 일을 수월하게 만드는 방법 중 하나라고 한다. 술을 즐기지 않는 김부장은 점심시간을 이용해 임원들의 비서 또는 타 부서 팀장들과 식사를 하거나, 출장 때마다 면세점에서 작은 선물들을 사서 주변인들에게 돌린다고 했다.

사내정치는 네트워크다. 우리가 회사에서 관계를 통해 힘을 얻는 이유는, 회사는 혼자 일하는 곳이 아니기 때문이다. 사원이나 대리일 때는 개인에게 부여된 업무만 잘 처리해도 인정받을 수 있다. 하지만 직급이 올라갈수록 책임져야 하는 일의 크기가 커진다. 나의 팀원도 지켜야 하고 외부 부서와의 협력도 필요하다. 특히 어떤 프로젝트를 추진할 때는 주위에 지지자가 있는 편이 훨씬 수월하다. 좋은 의미의 사내정치는 나와 뜻이 맞는 사람들을 곁에 많이 두는 것이다. 조직에서의 개인은 연결이 많을수록 영향력이 커진다. 혼자는 힘이 없지만 함께하는 사람이 많으면 팀과 동료를 위해서 더 큰일을 해낼 수 있다.

사내정치는 승진 라인을 타고 올라가거나 동료와의 경쟁에서 이기는 목적으로 악용되기도 하지만, 우리는 얼마든지 다양한 도구로 '좋은 사내정치'를 할 수 있다. 술정치 대신 점심정치로, 골프 대신 커피로, 아부 대신 센스 있는 도움으로, 이모티콘 선물로 관계를 가꾸는 일은 좋다. 남자들끼리 호형호제하는 동안 여자들도 거래처의 다른 여성과 친분을 쌓을 수 있다. 꼭 회사 안이 아니더라도 업계의 수많은 '언니들'을 만날 수도 있다.

그렇다면 나쁜 사내정치와 좋은 사내정치는 뭐가 다를까? 팀에서 공로를 독차지하거나, 조직 전체에는 도움이 되지 않지만 소수의 이익을 위해서만 결탁하는 경우도 있다. 하지만 팀 전체의 일을 효율적으로 진행하기 위해 서로 돕거나, 조직 전체에 유의미한 프로젝트를 추진하기 위해 지지자를 얻는 일은 좋은 사내정치라 할 수 있다. 목적에 따라 관계 맺기의 의미가 달라지는 것이다. 올바른 목적이라면 정치와 네트워킹은 좀더 건강한 조직생활을 위한 좋은 칼과 갑옷이 될 것이다.

Q14

회사 안에 보고 배울 여자 선배가 없어서 막막해요

팟캐스트 66화

우리, 조직 바깥에서 서로를 응원해주자

_이과장

"어머, 이과장, 아침부터 이 기분 좋은 선물은 머얌?!"
카톡과 함께 내가 선물한 것의 몇 배나 되는 금액의 모바일 교환권이 돌아왔다. 센스와 배려를 담아, 우리 회사 1층 건물에 있어 이용이 편한 그 카페 브랜드로 말이다. 출근길에 카톡을 열고 선물하기를 눌러 아이스 자몽허니블랙티 한 잔을 보냈을 뿐인데. 두번째 회사의 사수였던 선배가 회사 인수합병으로 뒤숭숭한 기분일 것 같아 기분전환이나 하시라고 보낸 게 시작이었다.

지금으로부터 10년 전, 과거 이야기다. 꼬꼬마 사원 시절에 아침부터 정신없이 일하고 있는데, 대리님이 나에게 갑자기 "연기 잘해?" 라고 물었다. "무슨 연기요?" 이렇게 되물었던 이유는 다음과 같다.

그 당시 의지했던 대리님이 이직하게 되었는데, 이를 팀장님께 말씀드릴 예정이니 처음 듣는 것처럼 반응해달라는 거였다. 나는 단지 몇 시간 일찍 들었을 뿐인데 연기는 무슨 연기란 말인가. 중요한 사실은 이직 이야기를 들었을 때 눈물이 핑 돌았다는 것이다. 자기가 하고 싶은 일을 향해 옮기는 사람을 축하해주는 게 당연한데, 나 역시 이미 한 번의 이직을 경험했는데, 그럼에도 불구하고 누군가가 내 곁을 떠난다는 사실에 충격과 서운함이 몰려왔다. 그리고 그 눈물을 대리님이 보았다. 회사에서 딱 세 번 운 내가 애정 담긴 눈물을 쏟아낸 것은 그때가 처음이자 마지막이다.(지금의 나를 생각하면 상상하기 힘든 감정 상태다.) 대리님은 결국 회사의 끈질긴 만류로 이직하지 않았고 나와는 다르게 그 회사에서 차장으로 승진해 지금까지 일하고 있다.

사원에서 과장이 되는 시간 동안 나는 여러 번 이직하며 그때마다 외부인으로 새롭게 마주하는 조직에 스며들어야 했고 그 과정이 쉽지 않았다. 15년을 다닌 회사의 주인이 바뀌는 것은 이직이 주는 느낌과 비슷하지 않을까 예상했다. 그래서 이직을 많이 한 내가 조금이라도 도움을 주고 싶었다. (매우 작지만) 예상치 못한 차 한 잔이 어수선한 마음을 따스하고 편안하게 다독여주길 바라면서 말이다. 하지만 차장님은 우려와 달리 담담했고 회사의 변화에 대수롭지 않은 반응이었다. 오히려 내 근황을 물으며, 윗사람이 갑작스럽게 출근하지 않아 혼란스러워하는 나를 단단하게 잡아주는 조언을 건넸다. 내가 이직할 때마다 새로운 도전에 힘과 지지를 전해주었던 여느 때처럼.

일이 힘들거나 어려워서 회사를 그만두고 싶은 경우는 생각보다 많지 않다. 그보다는 예상할 수 없고 제어할 수 없는 회사 일들이 한꺼번에 밀려와 나를 시련에 빠뜨린다. 그럴 때마다 수없이 사표 욕구를 강하게 느낀다. 이때 가장 필요한 것은 '라떼'를 들먹이며 나오는 충고나 조언이 아니다. 내 이야기에 집중해주고 자신의 경험을 공유해줄 수 있는 누군가다. 깊은 유대감으로 형성된 관계 그 자체가 위로와 위안이 되어, 거친 파도에 정신없는 나를 잔잔한 물결 위로 옮겨주는 것이다.

한번은 늦어도 5시 반까지 회사계좌로 꼭 입금되어야 할 자금이 제대로 처리되지 않아, 저녁 8시가 넘어서까지 발을 동동거리며 안절부절못했던 적이 있었다. 거래은행에서 수차례 전화가 오는 등 난리도 아니었다. 비록 내 업무는 아니었지만 부장도 이미 퇴근해버린 상황에서 나 몰라라 퇴근할 수가 없었다. 중간관리자로서 이 문제를 드라마 주인공처럼 짠 하고 해결하면 정말 좋겠지만 나라고 모든 업무를 아는 것은 아니다. 게다가 회사 내에 도움을 청할 사람도, 나에게 해결책을 알려줄 사람도 없었다. 이럴 때마다 쉽게 SOS를 치는 사람이 있다. 바로 같이 일했던 팀장님이다. 공교롭게도 대부분 사고가 생길 때 연락하지만, 전화를 하면 마치 자기 일처럼 해결해주신다. 심지어 본인이 알지 못하는 일은 다른 사람을 연결해주시기도 한다. 덕분에 내 업무 네트워크는 넓어졌고, 이것은 자연스레 내 자산이 됐다.

도움을 받은 것처럼 나 역시 함께 일하는 사람들에게 도움이 되는 좋은 인연들을 소개해주려고 한다. 그 방법 중 하나가 점심 먹을 때 함께하기. 비록 처음 보는 사람들과의 점심식사 자리가 편치 않을지라도 이는 꼭 필요하다. 편한 사람들과 점심을 먹으며 직장상사와 회사 험담을 할 수 있는 이 시간은 분명 직장인들의 오아시스 같은 존재지만, 때로는 어색함이 맴도는 시간들도 필요하다. 그럼 왜 저녁이 아니고 점심이냐. 슬프게도 워킹맘들의 일정으로는 여유롭게 저녁을 먹기가 힘들다는 사실 때문이다.

꼭 같은 회사에서 일하는 사람들하고만 이러한 관계가 형성되는 것은 아니다. 때로는 같은 일을 한다는 사실만으로도 동질감이 생긴다. 마치 남자들이 똑같은 훈련소에 있었던 게 아니면서도 군대를 다녀왔다는 사실 하나만으로 통하는 것처럼 말이다. 같은 일을 해도 각 회사의 문화와 처한 상황에 따라 겪어야 하는 일들이 어쩌면 이렇게 다양한지. 그럴 때마다 필요한 것은 같은 일을 다른 환경에서 경험하고 있는 사람들이다. 같이 일한 경험도 없는 사람을 어떻게 알 수 있느냐? 그건 위에 말했듯이 연결고리가 있는 사람을 플랫폼 삼아 서로서로 연결해주는 것이다. 이왕이면 그 플랫폼이 내가 되면 좋다. 이렇게 하다보면 나도 모르게 살아 있는 동종업계의 현황과 정보를 알게 된다. 이는 조직에서 남들과 다른 차별성을 갖는 방법이 되기도 한다.

10년이 훨씬 넘는 직장생활에도 불구하고, 엘리베이터에서 아는 사람들과 마주쳐도 인사조차 쉽지 않은 슈퍼 내향인인 내가 어떻게 이럴 수 있을까? 다름아니라 내 주변의 일하는 여자들에게 진심으로 도움이 되고 싶다는 마음 때문이다. 아마도 다들 나와 같은 마음일 것이다. 나와 같이 입사한 여자 동기들이 이러저러한 이유로 떠나가고, 멋져 보였던 여자 선배들이 하나둘 사라지는 그 경험을 하다보면 말이다. 서로가 서로를 위한 플랫폼이 되는 것은 위아래나 나이에 상관없이 일하는 여자들 모두와 함께할 필요가 있다.

〈언슬조〉의 최대 장점 중 하나는 사원부터 부장까지 각 직급의 이야기를 들을 수 있다는 것이라고들 한다. 회사에서 만난 우리는 각자의 생각을 알지 못해서, 아니 알 수 있는 기회가 적어 서로를 쉽게 이해하기 힘든 것일지도 모른다. 회사의 신입사원들에게 대학원에서 만난 90년대생 동기들을 투영하면 너그럽게 받아들여지는 순간이 있다. 직급으로 만났기 때문에 우리는 쉽게 가까워지기 힘든 사이일 수도 있다.

결재를 받으러 들어갈 때와 나올 때 빈대떡 뒤집듯이 결정을 바꾸는 상사와 일하면서, 실무자인 나만 죽어나는 통에 그 상사를 미워했던 적이 있다. 이러한 마음을 조금이나마 누그러지게 해준 것은 내가 사원일 때 팀장이었던 타 회사 부장님의 회사생활 이야기였다.

경영지원 실무총괄이 된 부장님은 각 본부 임원들의 입장을 만족시키기가 여간 쉽지 않다는 말을 꺼냈다. 사람을 한 명 채용하려면 담당부서에서는 가장 능력이 좋은 사람을 원한다. 하지만 그런 지원자는 대부분 급여가 높아 예산을 맡고 있는 부서의 임원은 썩 달가워하지 않는다. 그 바람에 중간에서 여간 애매한 게 아니라며 부장님은 계속 말을 이어나갔다. 1년에 한 번 각 부서의 예산집행 시기가 오면, 각 임원들의 요구사항을 다 반영해 가장 최적화된 결과를 내놓기 위해 고민하는 날이 지속된다. 그러다보면 머리에 쥐가

날 지경이라는 것이다. 마치 나처럼 중간에 낀 샌드위치 신세와 똑같잖아. 햄치즈 샌드위치에서 내가 치즈라면 부장님은 치즈보다 한 단계 높이 얹힌 햄. 가장 위에 있는 빵들과 접촉하는 부장님의 생활을 듣고 있노라니 그 상사가 왜 그랬는지 조금은 이해가 되기 시작했다.

재택근무가 보편화되는 시대에 앞으로는 많은 사람들과 연결된 업무 네트워크를 쌓는 일이 더 중요해질 것이다. 회사 내에서 업무를 알려주기가 더욱 힘든 환경이 되었기 때문이다. 원래도 업무 알려주는 사람을 회사에서 찾기 힘든데 말이다. 그러니 우리 모두 서로가 서로를 위한 플랫폼이 기꺼이 되어보자.

Q 15

직속상사 때문에 미칠 거 같아요. 대체 어떻게 해야 할지 모르겠어요

팟캐스트 62화

나를 화나게 만드는 인간들을 견디는 법

_문대리

회사에 또라이가 없으면 본인이 또라이가 아닌지 의심하라는 말이 있을 정도로, 조직에는 우리를 불편하고 괴롭게 만드는 사람이 많다. 여기서 중요한 포인트! 그 인간들 때문에 내가 불편하다고 말하지만, 자세한 내막을 들여다보면 내가 불편함을 느끼는 건 나 때문이지 그 인간들 때문이 아니다. 무슨 말이냐고? 원인 제공을 한 건 그 사람들인데?

그들이 나를 자극할 수는 있지만, 어떻게 반응할지는 내가 선택할 수 있다. 이런 자유를 가졌다는 사실을 깨달아야 한다. 어떤 상황에 대항할 방법 없이 얽매여 있다고 믿으면 우리는 수동적으로 행동할 수밖에 없고, 스트레스는 훨씬 더 커진다. 심리학 실험에서도 스트레스 물질을 주입하면 보통 스트레스가 올라가지만, 같은 상황이라도 스트레스 해소 방법을 알려주고 실험하면 스트레스가 올라가지 않는다는 연구 결과도 있다.

왜 우리에게 선택권이 있을까? 대부분의 사람들은 타인 때문에 화가 난다고 생각하지만, 사실 타인의 행동이나 말을 내가 해석하는 방법에 따라 화가 나는 것이다. 〈언슬조〉에 왔던 H님의 사연 역시 그랬다. 여러 팀과 프로젝트를 진행하는 직무인데, 프로젝트를 할 때마다 파트너가 바뀌었다. 문제는 그중 한 명과 유독 맞지 않아서 너무 힘들었다는 것이다. 같이 일할 때마다 상대를 무시하고, 협력이 아니라 일방적으로 요구하는 스타일이었다. 다른 사람이 작업한 결과물에 무례하게 코멘트를 쓰거나, 본인 기분에 따라 업무를 진행하기도 했다. 마음대로 되지 않으면 친분관계의 직위 높은 상사에게 말해서 본인이 원하는 대로 업무를 조종했다.

이쯤 되면 누구라도 화가 날 만한 상황이 맞다. 하지만 같은 상황에도 스트레스를 받는 사람이 있는가 하면, 그냥 무시하거나 웃어 넘기는 사람도 있다. 예를 들어 H님이 일방적으로 무리한 일정을 요구받는 부분에서 화가 났다고 해보자. 무리한 일정에 맞춰야 하고, 그 일정을 맞추려면 일주일 내내 야근을 해야 하고, 그래서 정시에 퇴근해서 쉬고 싶은 욕구를 침해당했다고 생각해 화가 났을 수 있다. 정시에 퇴근하고 싶은 욕구가 없다면 화도 나지 않았을 것이다. '그냥 야근해서 하지 뭐'라고 생각하는 사람은 이것이 스트레스가 되지 않는다.

이런 흐름으로 욕구를 이해했다고 치자. 하지만 이해했다고 문제가 해결될까? 여전히 내 욕구를 포기하지 못하면 답이 없는 것 아니냐고 할 수도 있다. 하지만 실제로 이런 욕구를 이해하고 스스로를 다독이는 것만으로도 스트레스가 상당 부분 사라진다. 그리고 욕구를 이해했기 때문에 야근 외에 다양한 해결 방법을 모색해볼 수 있는 선택지가 더 생기는 것이다.

이과장이 늘 이야기하듯 감정이라는 것은 날씨와도 같다. 하루는 한없이 우울해도 며칠 지나면 언제 그랬냐는듯 좋아지기도 하고, 또 며칠이 지나면 덤덤해지기도 한다. 사흘 전 오후 3시에 느끼고 있던 감정을 기억하는가? 기억이 난다면 지금과 어떻게 다른가? 아마 대부분은 그때의 감정을 기억하지 못할 것이며, 기억하는 사람이 있다고 해도 그 감정 그대로 현재까지 이어지는 경우는 없을 것이다. 그러니 감정에 너무 휘둘리지 말고 감정을 억제하려 애쓰지도 말자. 그곳에 그 감정이 있었구나 하고 알아주기만 해도 감정은 눈 녹듯 사라지니 말이다.

어릴 때 나는 소유욕이 많았다. 좋아하는 사람이 제3자와 친하게 대화만 해도 제3자가 싫어졌다. 불편한 감정이 반복됐고, 그냥 모르는 척하자니 너무 불편해서 지속적으로 들여다보게 됐다. 그건 질투라는 이름의 감정이었다. 보통 질투는 사랑하는 상대가 다른 상대에게 가버릴까봐 느끼는 조바심과 자신감 결여에서 생긴다. 상대가 다른 사람과 대화했기 때문에 내가 감정을 느끼는 것이 아니라, 둘이 대화하는 모습을 본 스스로가 자신감이 없고 자기 자신을 믿지 못해서 불편한 감정을 느끼는 것이다.

화가 향하는 곳이 화의 근원지라면 그나마 다행이다. "종로에서 뺨 맞고 한강에 가서 눈 흘긴다"는 속담도 있듯이 진짜 원인을 비난하지 않고 애먼 곳에 화를 내는 경우도 많다. 화의 진짜 근원이 사실 알고 보면 회사의 누군가 때문이 아닐 수 있다. 쌓인 줄도 모르고 풀 줄도 모르는 만성 스트레스이거나 육아와 직업을 병행하는 데서 오는 고단함, 가족 간의 불화, 애인과의 다툼 등으로 인한 과민 반응일 때도 많다. 그러니 스트레스 받는 지점을 명확히 이해하고, 해소하는 법을 찾는 것도 하나의 방법이 된다.

덧붙여 화는 가장 약한 곳을 향하기 마련이다. 특히 사회 전체에 화가 많을수록 약자가 살기 척박한 세상이 된다. 조직에 화가 많아지면 가장 어리거나 직급이 낮은 직원들이 고통받을 수밖에 없는 것이다.

예전에 만났던 상사 중에 말 그대로 '사바사바'로 그 자리에 올라간 사람이 있었다. 문제는 그 외에는 능력치가 바닥이었다는 것이다. 보고서를 다 만들어줘도 엉뚱하게 보고하기 일쑤였고, 횡설수설하는 일이 다반사였다. 그 당시에는 보고를 망치는 상사에게 화가 많이 났다. 보고를 잘하고 싶은 나의 욕구를 침해했지만, 상사였기 때문에 함부로 비난할 수도 없었다. 그래서 우리 팀만 참여하는 보고 시간에는 더욱 강한 어조로 상사에게 말했고 상사는 주눅들었다.

시간이 흘러 그 상사가 만만해서 너무 함부로 대했던 것을 반성했다. 비록 상사지만 업무 능력으로 따지면 약자였으니 나 스스로가 비겁했다는 생각도 했다. 또한 개선해보려는 여지도 없이 성급하게 '일 못하는 사람'으로 라벨링했던 것은 아닌가 싶었다. 누군가를 라벨링해버리면 그 사람과의 관계를 개선하려는 의지도, 이유도 없어지는 법이다. 라벨링은 쉬운 해결책일지언정 바람직한 해결책은 아니다.

이 글의 제목을 '나를 화나게 만드는 인간들을 견디는 법'이라고 했지만 사실 정확히 쓰자면 '나의 불편함을 내가 깨닫고 해소하는 법'이 맞다. 물론 어떤 문제 상황에서 모든 해결책을 '나 자신'에게서 찾을 필요는 없다. 다만 타인과의 협의를 통해 고치거나 조직 전체를 바꾸는 것보다는 상대적으로 쉬운 해결책이기 때문에 가장 먼저 시도해보면 좋겠다. 자신의 욕구를 이해하고 스스로 감정을 읽어주는 일은 처음에는 어려울 수도 있지만, 하다보면 일상이 좀더 편안해지고 여러 장면에서 초연해질 수 있다.

일을 잘하고자 하는 열정이 많은 사람일수록 욕구가 크기 때문에 불편한 화를 쉽게 삭이지 못한다. 관심, 에너지, 열정을 쏟는 만큼에 비례해서 화도 생기는 것이다. 부처처럼 완벽하게 해탈할 수는 없지만 앞서 설명한 일련의 과정을 통해 어느 정도 안정감을 찾을 수 있을 것이다. 소중한 에너지를 미워하는 사람에게 쓰기엔, 우리 인생이 너무 아까우니 말이다.

무례한 사람이 힘을 가진 조직일수록 오래 몸담으면 안 돼요.
버티더라도 적극적으로 대안을 찾으면서 버텨요.
단, 몸 상하지 않게!

가장 손쉬운 방법으로, 내 마음을 알아주는
회사 동료나 친구들과 대화를 해보세요.
우리는 늘 다정한 지지에 갈증을 느끼니까요.

Q16

직장 내 갑질 때문에 살아갈 의욕도 잃었습니다

팟캐스트 115화

부당한 직장 갑질, 슬기롭게 공론화하기

_김부장

몇 달 전 잘나가는 벤처기업에서 상사의 괴롭힘으로 한 직원이 극단적인 선택을 했다. 한동안 주위에서 "남의 일 같지 않다"라는 말을 많이 들었던 기억이 난다. 〈언슬조〉에서도 상사에 대한 고충을 토로하는 무수한 사연을 다루어왔는데, 특히 아래 사연과 같이 부당한 직장 갑질은 어떤 식으로 공론화할 수 있을까?

"저는 입사한 지 9개월 정도밖에 되지 않았지만 부서장 때문에 스트레스로 인한 탈모와 하혈 등을 겪고 있습니다. 짧게 배경을 설명드리자면, 저는 1년 계약 후 전환을 고려하는 조건으로 일하고 있습니다. 팀 프로젝트로 굴러가는 대부분의 회사와는 달리 매일매일 짧은 데드라인의 문서를 개인이 작업하는 업무가 대부분입니다. 부서장이 혼자 판단해 직원들에게 매일 업무를 분배하는, 매우 수직적인 구조입니다. 부서장의 악명이 얼마나 높은지 부서 사람들이 녹음, 화면 캡쳐 등의 증거 모으기를 생활화할 정도예요.

그런데 요 근래 제가 부서장의 타깃이 된 것 같습니다. 제 퇴근시간을 매일 지켜보면서, 칼퇴근은 일을 열심히 하지 않는다는 증거이며 정규직 전환 시 태도 점수에 반영된다는 근거도 없는 말을 합니다. 저는 당연히 매일 할일을 끝내고 퇴근하며, 손이 빨라 일도 빨리 마무리하는 편입니다. 부서장은 늘 저에게 일 못한다, 다른 사람들도 너 일 못한다더라, 하며 비판 일색입니다. 9개월 동안 가르친 건 하나도 없으면서 말이죠.

이 밖에 자잘한 사항으로 부서장은 30대, 40대 직원이어도 자기보다 어리면 "야" "너"라며 반말을 합니다. 괴롭힘 방지법이 생기기 전에는 몇십 명이 있는 사무실 안에서 한 명을 세워두고 쩌렁쩌렁 소리를 지르고, 상대방 머리를 툭툭 치거나 대놓고 비하하는 행동도 서슴지 않았고요. 이 사람 때문에 1년에 열 명 가까이 퇴사했을 정도예요.

저는 너무 힘들어 사실 플랜B를 준비하고 있습니다. 아직은 회사를 1~2년 정도 더 다니면서 돈을 번 뒤에 플랜B 준비를 시작하고 싶은데…. 혹시 저 같은 신입이 이런 직장 갑질문제를 공론화시키고 퇴사해도 될까요? 공론화시키고 버텨도 될까요? 아니면 퇴사를 하건 안 하건 그냥 참고 넘어가야 할까요? 괴롭힘으로 우는 날이 너무 많네요. 제발 도와주세요."

개인적인 경험상 회사에 공론화시켜도 그다지 변하는 게 없었다. 예전에 외국계 투자은행을 다닐 때, 상사였던 리서치 헤드가 정말 싫어서 다른 외국계 투자은행으로 이직을 했다. 더 좋은 회사로 가고 싶은 마음이 훨씬 크긴 했지만 말이다. 내가 이직하기 서너 달 전쯤, 아래 직원 세 명이 거의 비슷한 시기에 나와 같은 이유로 한꺼번에 퇴사한 적이 있었다. 전해 듣기로는 그들이 헤드의 문제점을 인사팀에 다 전달했는데도, 막상 헤드에게 아무런 타격이 없었다고 한다.

회사에서는 그가 이상하다는 걸 알았지만 차악을 택했다. 어쨌든 그 사람은 조직에서 계속 끌고 가야 할 사람이기 때문에 아무런 조치가 취해지지 않았던 것 같다. 나도 퇴사할 때 문제점을 전해야 할지 고민했다. 결국 나갈 때 나가더라도 헤드가 이상하다는 것은 남은 사람을 위해서라도, 그리고 새로 올 사람을 위해서라도 알려야겠다 싶어서 인사팀에 다 이야기했다. 또한 나에 대한 신임이 두터웠던 아시아 전체 헤드한테까지 전화를 걸어서 이에 관한 이야기를 나누었다. 회사에 대한 애정이 남은 터라 좀 바뀌었으면 하는 마음에 그렇게까지 했지만, 그 뒤로 변한 건 아무것도 없었다.

이렇게 공론화해도 조직이 안 바뀌는데, 사실 큰 문제는 공론화 이후의 후폭풍이다. 상사의 갑질에 대한 공론화가 황당하게 부메랑이 되어, 도리어 내가 이상한 사람이 될 수도 있다. 그래서 공론화 후에 오히려 나에게 피해가 올 수 있다는 것도 미리 염두에 두어야 한다. 친구 중 하나는 상사 갑질을 공론화했다가 다음 직장으로 이직할 때 평판조회에서 상당히 피해를 보기도 했다.

라떼 세대다운 나의 구시대적이고 이성적인 답변에 이과장은 조심스럽게 공론화 쪽으로 의견을 냈다. 커리어가 문제가 아니고 사연자가 거의 죽게 생겼기 때문이다. 이과장 지인 중에서도 상사한테 너무 스트레스를 받은 나머지 자살충동까지 생긴 케이스가 있었던 경험으로 볼 때, 현재 사연도 그냥 덮고 넘어갈 수준은 아니라는 이야기였다.

사연자는 이미 계약직 직원이라는 약자 입장에서 시작하는 터라 섣불리 공론화하면 그 기록이 계속 따라다닐 수 있다. 때문에 무조건 터뜨리라고는 하지 않겠지만, 만약 현재 업계를 뜰 계획이면 여태까지의 증빙들을 모두 기록해서 제출하는 치밀함이 필요하다. 그냥 "저 사람이 나 괴롭혔어요"라는 말에 "아니, 시켰는데 거절 안 하고 사연자가 했잖아요"라고 하면 아무런 소용이 없다. 그러니 일기를 써서 사연자가 어떤 정신적 피해를 받았는지 모두 기록한 후에 터뜨려야 하며, 무조건 증빙자료를 만들어두어야 한다.

문대리는 이과장보다 훨씬 적극적으로, 무조건 공론화해야 한다는 입장이다. 미투운동 이후로 결국 그런 부당한 행위를 고발하는 움직임이 이어져서 N번방 사건의 주범자들도 검거하고 높은 형량이 내려질 수 있었다. 바로 처벌받지 않을 수도, 생각하는 정의가 실현되지 않을 수도 있지만 사연자가 생각하는 것과 직장동료들이 생각하는 게 같다면 공론화는 반드시 해야 하는 일이라는 것이다. 한번은 문대리가 다니는 회사의 블라인드에 어떤 상사에 대한 어마어마한 험담이 올라왔다. 인사팀에서 그 내용을 당사자에게 전달한 후 태도가 180도 바뀐 경험을 하고 나니, 누군가 문제를 터뜨렸기 때문에 가능한 것이라고 생각하게 됐다. 이과장 의견처럼 다른 업계로 가게 됐을 때 터뜨리는 편이 더 좋기야 하겠지만, 아닌 건 아니라고 이야기하고 가는 게 맞다고 생각했다.

이과장이나 문대리의 의견에 동의하지 않는 것은 아니다. 그런데 세대가 '후져서' 그런가, 큰 조직에서 정의가 제대로 실현되는 것을 그다지 경험하지 못했다보니 상사 갑질 공론화에 조심스러운 게 사실이다. 현실적으로 생각해보면, 사연자가 이직하면서 정규직이 될 수도 있지만 다시 계약직이 될 가능성도 많다. 그러한 결정에서 가장 큰 레퍼런스로 작용하는 부분이 현재 회사의 동료나 상사에게 묻는 평판조회다. 본인한테 굉장히 불리한 입장이 될 수도 있는 것이다.

본인이 희생하더라도 뭔가 잘못된 일이 알려졌으면 좋겠다 생각하고, 사회를 개혁하고자 하는 마음이 있다면 오케이. 그런데 그게 아니라면? 아직까지 제대로 꽃도 못 피워본 스물다섯 살인데 앞길이 너무 험난해질 것 같다는 생각이 제일 먼저 든다. 하, 나도 너무 나이가 들었나…. 맨날 방송에서 "가만히 있으면 가마니 취급당한다"라는 이야기를 골백번도 더 읊었으며, 20년간 상당히 모난 돌로 정을 맞으며 직장생활을 해온 나로서는 선뜻 그렇게 하라고 말하기가 힘들다. 이과장이나 문대리의 말에 100퍼센트 공감하지만 말이다.

그래서 공론화를 한다면 차라리 회사 내 인사팀이 아닌 고용노동부에 신고하는 게 어떨까 한다. 나는 기본적으로 인사팀은 크게 신뢰하지 않는 편이라 이 사람, 저 사람 조직 내에서 이야기할 필요 없이 괴롭힘 방지법으로 신고하는 것을 추천한다. 예전에 지인의 지인이 직장 내 괴롭힘을 직접 고발했다는 이야기를 들은 적이 있다. '직장 내 괴롭힘 금지'는 2019년 7월 근로기준법에 내용이 포함됐지만 가해자에 대한 법적 처벌 조항이 없고 회사에서 자체 징계만 하도록 돼 있다. 이렇다보니 회사에서 직원을 괴롭혀도 법적 제재는커녕 회사 징계조차 제대로 이루어지지 않는 경우가 많다는 비판이 제기됐다. 하지만 고용노동부에서 2021년 7월 29일 회사 직원에게 갑질을 하면 해당 가해자에게 최대 1,000만 원의 과태료가 부과되는 근로기준법 시행령 개정안을 입법예고했고, 이는 2021년 10월부터 적용된다. 그러니 직장 내 괴롭힘으로 신고하는 편이 낫다고 본다. 만약 상사 본인은 잘못인지 몰랐고, 그런 의도가 아니었다고 말하면 그대로 끝이기 때문이다.

사실 직장 갑질에 정답이 있을 수는 없고 개개인이 처한 상황에 따라 좀더 적합한 방법이 있을 것이다. 그래도 뭔가 길라잡이가 될 만한 이야기를 드리자면, 여러분은 다음 두 가지 중 무엇을 더 못 견디겠는지 생각해보시라. 말을 안 하고 현재 상태로 그냥 회사를 나가게 됐을 때, 살면서 두고두고 가슴에 불쑥 올라오는 것을 더 못 견딜지. 아니면 공론화를 하고 때때로 그 뒷감당(불리한 레퍼런스 체크 등)을 하는 게 더 힘들지. 어떤 나로 살고 싶은지 잘 생각해보면 좋을 것 같다.

다른 건 몰라도, 사연자처럼 몸 상태가 엄청나게 나빠졌을 때는 우선 나만 생각해야 한다. 특히 20대 중반이면 아직 살아갈 날도, 갈 수 있는 길도 많다. 지금의 결정이 앞으로의 살날에 어떤 영향을 미칠지 진지하게 고민해보고 무엇보다 건강을 먼저 챙기길 바란다. 직장 갑질 공론화를 통해 바로 변화가 있다면 무척 좋겠지만, 당장은 아니더라도 언젠가 효과를 볼 날이 있을 것이다. 무엇보다 가장 중요한 건 사연자의 안전과 마음의 치유다.

+

내가 일했던 외국계 회사의 경우 상사 갑질을 공론화해도 아무것도 바뀌지 않는 것을 경험했고 무기력함을 느꼈었다. 그렇다면 도대체 언제 이런 공론화가 힘을 발휘하느냐? 회사에서 그 사람을 쳐내고 싶을 때 이용한다. 이런 점은 국내 대기업도 마찬가지라고 들었다. 지인들도 대기업에 다니면서 비슷한 일들을 겪었는데, 진짜 나쁜 짓을 했어도 조직에 필요하다고 판단되는 사람이면 그 병폐를 제대로 건드리지 않는 경우가 많다고 한다.

나쁜 리더 한 명이 기업 이미지에
타격을 입힐 수 있는 시대예요.
조직의 곪아터진 문제를 덮어버리기엔
세상이 너무 변하지 않았나요?

사내 공론화가 어렵더라도 '내 뒤에 올 사람들'을 위해
다른 방법으로라도 꼭 목소리를 냈으면 좋겠어요.
이게 저희가 〈언슬조〉를 하는 이유이기도 하죠!

Q17 일하는 스타일이 달라도 너무 다릅니다

팟캐스트 90화

그 사람들의 머릿속엔 다른 룰이 있다

_박PD

프리랜서와 직장인이 함께 일하면 어떤 일이 벌어질까? 이것은 마치 오리와 원숭이를 함께 일하게 하는 것과 같다. 물 위에 살던 오리와 나무 위에서 살던 원숭이가 만나면 서로의 규칙을 이해하지 못해 악의 없는 해맑은 싸움을 벌이다 지칠지도 모른다. 직장인 다섯과 프리랜서인 내가 함께 시작한 팟캐스트도 초창기에는 웃지 못할 소소한 이유로 부딪치는 일이 종종 있었다.

"우리, 진행은 한 사람씩 돌아가면서 하는 거야."

첫 녹음 때 진행자를 결정하는 문제를 두고 이런 제안이 나왔을 때 나는 반대 의견을 던졌다.

"진행을 잘하는 사람은 진행만 하고, 마케팅을 잘하는 사람은 마케팅을 하고, 기록하는 사람은 기록만 하는 게 훨씬 효율적이지 않을까요?"
하지만 누구만 튀는 일을 하고 누구는 허드렛일만 하게 할 수 없다는 김부장의 강력한 설득으로 결국 돌아가면서 진행을 맡게 됐다.

10여 년간 영화 스태프로 현장에서 일했던 나는 촬영감독, 조명감독, 미술감독이 각각의 역할을 수행하며 영화 한 편을 만들어나가는 걸 보았다. 그 경험을 통해 각 분야의 전문가가 각자 가장 잘하는 역할을 해낼 때, 단기간에 가장 뛰어난 결과물을 뽑아낼 수 있다고 생각하게 됐다. 영화 현장에서는 그게 당연한 것이었다. 하지만 조직생활을 오래한 사람들은 그렇게 생각하지 않았다.

모두가 모든 역할을 돌아가면서 하는 게 어떻게 좋은 결과를 만든단 말인가? A를 못하는 사람이 A를 배워가며, B를 못하는 사람이 B를 배워가면서 한다면 당연히 시간이 훨씬 오래 걸리지 않을까? 나는 대기업 광고회사 7년 차 팀장인 친구와 수다를 떨다 우연히 이에 대한 답을 들을 수 있었다.

그 회사에는 디자인툴을 능숙하게 다루는 사람이 있고 그렇지 않은 사람이 있었다. 하지만 능숙한 사람에게만 일을 주지 않고 모두에게 똑같이 일을 나눈다고 했다.

“그런데 잘하는 친구에게 일을 더 시키는 게 결과물이 빨리 나오지 않아?”
“물론 그렇겠지.”
“그런데 왜 못하는 사람이 그만큼 일을 처리하도록 해?”
“배워야 하니까.”
“하지만 느리잖아.”
“생각해봐. 아무리 잘하는 사람이라도 아파서 못 나올 수도 있고 어느 날 갑자기 퇴사할 수도 있어. 만약 그 사람에게만 일이 몰리면 회사는 타격을 입게 되지.”

조직은 그 누가 빠지더라도 계속 돌아가야 한다. 그것이 바로 친구의 대답이었다. 조직 업무란 대부분 혼자 하는 것이 아니며, 아무리 더딘 친구도 인내심을 갖고 꾸준히 가르쳐두면 나중에 훨씬 편해진다는 사실을 덧붙였다. 누군가 일을 잘 못한다고 해서 일을 주지 않으면, 나중에 한두 사람이 다 감당할 수 없는 일이 몰려왔을 경우 곤란한 상황이 생길 수도 있다는 것이다.

나는 우리가 함께하는 팟캐스트가 단기간에 완성하는 프로젝트인지, 오래 함께할 프로젝트인지 생각해봤다. 호흡이 긴 프로젝트라면 모두가 돌아가며 역할을 해보는 것이 맞다. 그래야 누구 한 사람이 빠지더라도 꾸준히 갈 수 있다. 4년 전 진행이 서툴렀던 문대리도 지금은 능숙한 진행자가 됐다. 어느 정도 시간이 지나서야 나는 대기업 조직생활을 오래한 멤버들과의 이 갈등이 위계조직과 역할조직에서의 경험 차이에서 비롯됐다는 사실을 깨달았다.

프리랜서들은 단기계약 프로젝트에 유용한 전문성을 제공한다. 영화나 뮤직비디오 제작은 대표적인 역할조직의 방식이다. 적잖은 스타트업들 역시 역할조직의 방식으로 일한다. 그렇게 역할조직은 개개인의 전문성이나 개성을 살리면서 프로젝트를 진행한다. 충분한 자율성이 주어지는 대신 자신이 맡은 역할에 책임을 진다. 촬영 결과물이 괜찮지 않으면 촬영감독에게 책임이 있고, 미술에 문제가 생기면 미술감독이 책임을 진다. 영화 전체의 퀄리티가 떨어지면 감독이 책임을 진다.

반면 커다란 규모의 지속적인 일은 위계조직이 효율적이다. 전통적인 대기업, 공무원 조직이 그렇다. 어떤 사람이 들어와도 조직에 필요한 역할을 주고 습득하도록 한다. 위계조직에서는 위에 있는 사람들이 책임을 진다. 실무자들은 상대적으로 책임을 적게 지는 대신 스스로 선택하거나 결정할 수 있는 자율성이 적다.

역할조직은 이미 전문성을 가진 사람들이 나만의 포트폴리오를 구축하거나, 나의 이름을 프로젝트와 함께 가져갈 수 있다는 장점이 있다. 위계조직은 나의 전문성을 아직 찾지 못했을 때 큰 시스템을 경험하면서 이것저것 배울 수 있다는 장점이 있다.

내가 멤버들과 의견이 종종 엇갈렸던 이유는 서로가 이해하고 있는 시스템이 달랐기 때문이다. 하지만 진짜 갈등은 시스템의 문제만은 아니었다. 성향과 가치관이 누구는 역할조직에, 누군가는 위계조직에 익숙하도록 체화됐기 때문이다.

내가 지칠 정도로 회의를 하고, 의견을 자유롭게 말해보라고 하고, 무언가를 자유롭게 담당하되 대신 책임을 지라고 이야기했을 때 멤버 중 다수는 낯설어했다. 그리고 의견을 많이 내는 것이 무조건 좋은 게 아니라, 때로는 빠른 결정이나 매끄러운 진행을 위해 의견을 덜 내고 적당히 조율해야 모두 편안해진다는 것도 알게 됐다.

역할조직에 익숙한 플레이어들은 큰 조직에 들어가면 하나부터 열까지 다른 가치관에 혼란스러울 수 있다. 자유롭게 아이디어와

의견을 개진하는 대신 정해진 매뉴얼에 맞추어야 해서, 자칫 독자적이고 고집불통이며 말을 듣지 않는 사람으로 오해받기도 한다. 위계조직에 익숙했던 사람들이 스타트업 같은 역할조직에 들어가면 명확하게 일을 결정해주지 않는 것에 대해 불안해할 수 있다. 그래서 자칫 수동적이고 답답하며 고지식한 사람으로 비춰질 수도 있다.

원숭이가 오리를 보면 의아할 것이다. 쟤는 왜 뒤뚱뒤뚱할까? 쟤는 왜 나무에 못 올라갈까? 반면에 오리는 원숭이를 보고 생각할 것이다. 쟤는 왜 헤엄을 못 칠까? 왜 저렇게 나무에 매달려서 다니는 걸까? 서로 다른 환경에 익숙한 사람들이 만나면 갈등과 마찰이 있을 수밖에 없다. 다만 서로의 배경을 이해하면 그 사람의 행동을 이해하게 될 것이다. 그렇다면 오리와 원숭이가 멋지게 함께 일할 수도 있지 않을까? 4년을 함께한 〈언슬조〉처럼 말이다.

다른 팀 사람과 갈등이 생기는 건 당연하지 않을까요.
그럴 때 저는 사사롭게 받아들이지 말자고 생각해요.
각자의 역할에 충실한 것뿐이니까요.

수평적인 조직에 대한
환상 이면에 단점은 늘 존재해요.
각 조직의 장단점을 이해하면
조직생활이 더 잘 보이죠.

Q18 상사 때문에, 팀원 때문에 매일 욕만 먹습니다. 승진 괜히 했나봐요

팟캐스트 47화

중간관리자,
모두를 만족시킬 순 없다

_이과장

신입사원이 옆에 앉았다. "하나하나 다 알려주세요"라고 말하며 난데없이 휴대폰을 꺼내 동영상을 찍기 시작했다. 얘가 지금 뭐하는 거지? 업무를 알려주려던 참인데 필기가 아닌 휴대폰을 준비하다니. 세상에나, 내가 신입사원일 때는 상상조차 할 수 없었던 모습이다.

'라떼는 말이다, 선배가 알려주는 업무 방법은 노트에 받아 적어야만 했어.' 받아 적을 수나 있으면 다행이었다. 내가 아무것도 모른다는 사실을 아는지 모르는지, 알아들을 수 없는 업계용어를 섞어 가며 선배는 자신만의 속도로 리드미컬하게 이야기했다. 중간중간 형식상 "무슨 말인지 알겠죠? 모르면 질문해요?"라며 잠시 쉴 틈을 줬지만, 말보다 느릴 수밖에 없는 나의 필기 속도까지 배려해가며 기꺼이 친절을 베풀어주는 이는 거의 없었다. 이렇게 업무를 배울 수 있는 기회는 단 한 번뿐이라, 할 수 있는 방법이라고는 온 정신을 집중해 하나라도 놓치지 않고 적는 것뿐이었다.

문제는 그다음이었다. 직접 해보니 너무 광범위하게(라고 쓰고 대충대충이라고 읽는다) 알려주어서, 정작 중요한 것은 낑낑거리며 혼자 알아서 해야만 했다. 선배들이 그다지 대단한 일을 하는 것처럼 보이지도 않았다. 담배 피우러 갈 시간은 있으면서 뭐가 그리 바쁘다고, 이왕 알려줘야 하는 거 조금만 더 자세하고 친절하게 알려줄 수는 없는 것인지…. 그들의 태도를 쉽게 이해할 수가 없었다. 상사라면 후배한테 업무를 하나하나 알려주는 것이 당연하다고 생각했다. 그러면서 결심했다. 나는 신입사원이 들어오면 시간을 들여 꼼꼼하게 잘 알려주겠노라고.

하지만 1년쯤 지나자, 나보다 타인을 먼저 생각하며 누구에게나 친절한 것은 직장인에게 일종의 사치일 수도 있음을 모르려야 모를 수가 없었다. 담배와 커피 한잔은 회사에서 업무보다 때로는 더 중요한 부분이라는 것을 자연스레 알아차리게 됐다. 빠른 속도로 일을 알려주어야만 했던 선배들이 그 순간 최선을 다했다는 것을 알게 됐고, 그렇게 나는 선배들의 전철을 밟았다.

어쩔 수 없는 일이라며 변화하려 애쓰거나 큰 노력은 하지 않던 즈음, 휴대폰으로 삶의 대부분을 보낸 새로운 인류가 회사에 들어온 것이다. 검색은 포털사이트가 아닌 유튜브에서 하고, 학원 대신 인터넷 강의를 듣고 자란 친구들은 업무를 배우는 방법부터 달랐다. 이것이 말로만 듣던 밀레니얼 세대인가. 격세지감을 느꼈지만 동시에 '언제까지 팔 아프게 쓰고만 있겠니. 암만, 기술은 이용하라고 있는 거지'라며, 휴대폰으로 동영상을 찍으면서 업무를 배우는 그들을 처음에는 두 팔 크게 벌려 환영했다. 젊은 친구들이 만들어내는 새로운 풍경은 신선했고 합리적으로 다가왔다.

그러나 변화가 언제나 좋은 것만은 아니며, 정답 또한 아니라는 게 문제였다. 동영상을 찍으며 업무를 배운 친구의 실수가 발생하기 시작했다. 그럴 때마다 너무 해맑게 기억나지 않는다며 다시 반복해서 물어봤다. 분명 설명해주었고 심지어 중요한 부분이어서 잘 메모하라 강조했으니 천천히 찾아보라 말했다. 그러나 들려오는 말은 이랬다. "가르쳐준 적 없는데요. 과장님, 빼먹지 말고 하나하나 다시 알려주세요."

휴대폰을 손에 꼭 쥘 때부터 느낌이 약간 싸하긴 했다. 나도 잘 안다. 손으로 적는 것은 때로는 의미 없는 노동이라는 것을. 나 역시도 그랬으니까. 눈은 모니터에 고정돼 있고, 손은 노트에서 자동적으로 움직이고 있지만 머릿속에 들어오지는 않고, 팔은 아프고 정신만 없었던 그 경험마저 생생하다. 그럼에도 불구하고 내가 전적으로 신입사원의 태도에 불편함을 느낀 지점은, 알려주지 않았기 때문에 모르는 것이라고 너무나 당당하게 말하는 태도였다.

회사는 자신이 배운 것을 바탕으로 업무 능력을 스스로 키우며 발휘해야 하는 곳이다. 다만 배웠다 하더라도 실무라는 것은 엄연히 다른 부분이 있기 때문에, 선배를 통해 이슈 발생 시의 업무처리 노하우를 배우는 곳이 회사다. 선배가 제품설명서처럼 A부터 Z까지 알려줄 의무는 없다. 물론 그들 입장에서는 애초에 제대로 알려줬으면 물어볼 일이 없다고 생각할 수도 있다. 하지만 동영상에만 의존하지 않고, 받아 적은 노트를 다시 정리하며 한 번이라도 더 노력하는 모습을 보여줬다면 나 또한 이렇게까지 불편하지는 않았을 것이다. 그럼에도 불구하고 신입사원에게 업무 태도를 바꾸는 것이 좋겠다는 말을 쉽게 할 수가 없었다.

“일하러 오는 것이 아니라, 요새 애들은 놀러오듯 회사에 출근해.”

신입사원이 퇴사할까봐 전전긍긍하는 부장의 태도가 나에게 전달되었다. 부장은 언제나 좋은 사람으로 비치길 원해서 절대 남에게 기분 나쁜 소리를 하지 않았다. 특히 신입사원들에게는 더욱더. 본인 때문에 퇴사한다는 말이 인사부에 들어갈까 지레 겁을 먹고 있었다. 상사라면 적절한 타이밍에 개입해서 혼란스러운 상황들을 잘 정리해줘야 하지만 부장은 그럴 생각이 없었고, 오히려 내가 알아서 대처해주길 원했다. 실무에다가 관리까지 하는 나는 부장보다 더 많이, 자주 아래 직원들과 부딪칠 수밖에 없었다. 부장은 껄끄러운 상황을 최소화하려는 목적으로 "이과장이 부서의 엄마다 생각하고 타이르면서 챙기고 잘 가르쳐봐"라며 나를 일종의 대리인으로 지정했다.

말 그대로 대리인의 생활이 반복됐다. 아래 직원들의 반복되는 작은 실수가 불씨가 되어 업무 사고로 커지면 바로 출동이었다. 화를 내는 타 부서 상사들을 찾아가 자초지종을 설명하고 "잘못 처리했습니다" 머리를 숙이며 양해를 구하는 일이 잦아지기 시작했다. 더 잘 알고 있다는 이유로 경위서를 대신 쓰기도 했다. 이러한 일이 잦자 내가 무엇을 하고 있는 것인지, 뒤처리만 하다가 소진될 것만 같았고 억울한 기분에 휩싸였다.

이렇게 지친 상태가 계속되자 대책이 필요함을 깨닫고 그간의 일들을 부장에게 보고하며 물었다. "계속 좋게좋게 할까요? 아니면 조금 더 강하게 해도 될까요?" 들려온 대답은 이랬다. "이과장이 사원도 아니고 내가 하나하나 말해줘야 아나, 저번에 말했는데 알아서 좀 하지." 도대체 나에게 무슨 말을 해준 것인지 이해할 수 없었을뿐더러, 권한도 없는데 어떻게 알아서 하나요?! 나에게 필요한 한마디는 "이과장이 맞는 방향으로 해, 뒤는 내가 수습해줄 테니" 인데 말이다.

이러다 회사에서 잘못된 이미지로 내 존재마저 희미해지진 않을까 걱정이 됐다. 윗사람의 말에 아무런 조건 없이 순종하거나 아랫사람에게 그저 싫은 소리 안 하는 착한 인간보다는 내 역할을 스스로 만들기로 했다. 10년 이상 직장생활을 하며 정확하게 알게 된 사실은 윗사람은 아무리 잘한다 해도 아랫사람에게 욕을 먹을 수밖에 없다는 것과, 윗사람은 아랫사람에게 100퍼센트 만족할 수 없다는 것. 그래서 나를 만족시키는 것에 우선순위를 두기로 했다. "조금 까칠하긴 한데, 맡겨놓으면 일은 되게 만들어"라는 말을 듣는 사람으로 말이다.

이는 윗사람의 말을 듣지 않거나 아랫사람에게 화를 내는 것과는 다른 차원이다. 동시에 무엇이든 회사가 잘되는 방향을 가장 큰 목적으로 설정하며, (사실은 나를 위해서지만) 회사를 위해서 이렇게 일한다고 타인을 설득하며 명분을 만든다. '착하지 않다'가 '좋은 사람은 아니다'와 동의어는 아니다. 잘 생각해보자. 새로운 누군가와 함께 일하게 되면 "그 사람, 일 잘해?"가 우리가 하는 첫번째 질문이다. "착해, 안 착해?"는 그다음이다.

Q19

벌써 몇 번째 탈락인지 모르겠어요. 회사들은 대체 어떤 사람을 원하는 걸까요?

팟캐스트 131화

회사가 알려주지 않는 탑시크릿 HR

_문대리

회사 좀 다녔다면 누구나 "인사가 만사다"라는 말을 알 것이다. 그런 의미에서 HR(인사부서)의 업무를 이해하는 것은 회사를 잘 이해하는 무기가 된다. 〈언슬조〉는 HR 전문가를 찾기 위해 방송 초기부터 주변을 물색했지만 섭외가 쉽지 않았다. 어렵게 연이 닿아 외국계 회사 HR에서 20년 동안 경력을 쌓고, 현재는 동북아시아 지역의 HR을 관장하고 있는 '지원자'님을 모셨다.

생애주기와 비슷하게 HR에서는 처음에 사람을 뽑는 인력 확보부터, 회사에 들어와서 퍼포먼스를 잘 낼 수 있도록 지원하는 교육, 업무에 대한 평가, 보상, 유지 그리고 마지막으로 방출이라고도 말하는 퇴사 관리까지가 주요 업무다. 회사의 규모가 크지 않을수록

HR조직 자체가 작기 때문에 일당백으로 일해야 하는 경우가 많은데 대부분의 외국계 회사가 그렇다. 어떤 곳은 총무부터 지원부서 역할까지 다 하는 경우도 있다. 요즘에는 인사서비스라는 개념을 도입해서 동기부여, 스트레스와 고충 관리, 때로는 징계까지 커버하기도 한다. 무엇보다 COVID-19 같은 위기 상황이 닥쳤을 때 HR은 변화에 발 빠르게 대처해야 하는 부서다.

본격적으로 HR에 궁금한 다섯 가지에 대해 알아보자.
첫번째, 회사에서 인원 선발 시 어떤 기준으로 뽑을까? 가장 기본적인 것은 조직과의 핏이다. 조직이 선호하는 핏은 정해져 있고, 그에 따라 스펙이 미달되면 탈락한다. 반대로 너무 많이 공부한 경우나 과한 스펙을 가진 경우도 걸러진다. 어차피 다들 자질이 있고, 가르치면 누구나 어느 정도 소화하는 것이 회사의 일이다. 그러다 보니 과한 스펙을 가진 경우, 처음에야 간절했어도 회사에 적응하고 나면 스스로 그만둘 가능성이 크다.

흔히 자소서는 안 읽는다는 오해도 있지만 스펙으로 어느 정도 걸러진 자소서는 꼼꼼히 읽는다. 자소서에는 지원한 사람이 갖고 있는 태도가 잘 드러난다. 또한 그동안 어떤 분야에 관심을 갖고 일궈온 경험이 녹아 있기 때문에 삶의 흔적이 묻어날 수밖에 없다. 이런 많은 고민과 다양한 방법으로 사람을 선발하지만 "결혼과 면접은 도박이다"라는 말이 있듯이 좋은 사람을 뽑는 것은 늘 어렵다.

두번째는 "언소담(〈언슬조〉 팟캐스트의 상담 코너)"에서 정말 많이 다룬 내용이다. 어디까지 참아야 하며, 어느 시점까지 버티고 이직하는 것이 좋은가. 이직을 원하는 사람들이 많이 가지고 있는 심리 중 하나가 '파랑새증후군'이다. 이름에서 예측할 수 있듯이 직장이라는 곳이 거기서 거기인 경우가 많은데, '현재 직장보다 더 좋은 곳이 있을 거야'라는 마음으로 끊임없이 새로운 직장을 탐색한다. 신입사원은 경험이 없으니 열 명 중 여섯 명은 이런 생각을 한다. 다른 하나는 '셀프홀릭증후군'으로 자기 자신한테 빠져서 '나는 이런 대접을 받을 사람이 아닌데'라며 스스로를 과대평가하는 것이다. 하지만 이직해보면 비슷한 대접을 받을 수밖에 없다. 특히 신입사원에게는 회사를 움직일 만한 커다란 프로젝트가 거의 주어지지 않고, 조직에 적응하는 시간이 필요하니 막내 일부터 시키는 것이 보통이다.

이외에도 실제로 함께 일하는 사람과 맞지 않아 이직을 고민하는 경우도 셀 수 없이 많다. 정말 인간계를 떠난 수준으로 괴로움을 준다면 이직을 체계적으로 준비해야 한다. 힘든 사람을 억지로 견디다가 너덜너덜해져서 자존감과 감정이 다 무너지고 나면, 스스로를 보호하지 못하거나 올바른 판단이 어려워질 수 있기 때문이다. 그러니 이성을 붙잡고 있을 때 실행하는 것을 추천한다.

이직이나 퇴사 시점을 논할 때 고민이 되는 지점이 재직 기간인데, 가능하면 1년을 채우는 것을 강력하게 권한다. 퇴직금을 받을 수 있기 때문이다. 회사를 다니는 동안은 회사에서 4대보험도 내주고 조건이 맞으면 실업급여도 받을 수 있지만, 이런 부분들은 근속기간이 길수록 유리하다. 이직할 때 회사를 다니고 있는 편이 직장이 없는 것보다 매력적인 것도 사실이다. 정말 어쩔 수 없는 경우 경력에 공백이 생긴다면 거짓으로 말하지는 말고, 누가 들어도 끄덕끄덕할 만한 바람직한 이유를 만들어두는 것이 좋다.

세번째는 퇴사 시 알고 있으면 좋은 팁이다. 같은 업계로 이직한다면 더더욱 평판이 중요하기 때문에 절대 얼굴 붉히고 퇴사하지는 말자. 드라마처럼 사직서를 집어던지거나 잠수 퇴사를 한다거나, 안 볼 사람이라고 생각하여 무례하게 행동하는 경우가 종종 있다. 하지만 한국사회는 한 다리 건너면 아는 사람이 있다는 것을 기억해야 한다. 퇴사하겠다는 직원에게 회사가 강제로 일을 시킬 수 없으며 퇴사 날짜를 지정할 수도 없다. 사규에 있다 하더라도 근로기준법상으로 불가능하다. 대신 인수인계를 어느 정도 고려해 기존 회사의 편의를 약간 봐주는 것으로 유종의 미를 거둘 수 있다.

사직서를 낼 때 가장 중요한 한 가지를 꼽으라면 퇴사일 지정이다. 스스로 지정한 날짜가 퇴사일이 되기 때문에 앞뒤 상황 등 여러 가지를 따져보고 결정해야 한다. 연차를 돈으로 받는 것보다는 소진하고 나오는 것을 추천한다. 퇴직금 계산 시 1일 평균임금에 근속기간을 곱하기 때문에 조금이라도 더 근속기간을 늘리는 것이 유리할 수 있다. 퇴직 요일을 금요일로 하면 5일 만근 후에 나오는 유급휴가일이 계산되지 않아 손해라는 점도 알아두면 좋다.

네번째, 이직 시 연봉 협상이다. 이미 각 회사의 연봉테이블이 있어서 '진짜 협상'이 불가능할 수 있다. 그래도 스스로 연봉을 어떻게 보는지 체크해볼 필요는 있다. 고정 기본급이 많은 것을 중요하게 생각하는 경우가 있고, 열심히 일하는 만큼 성과급으로 많이 받는 것을 선호하는 경우도 있다. 기본급과 성과급은 연말정산을 하고 나면 세율이 크게 차이가 없음을 인지하고, 자신의 성향에 맞는 연봉 스타일을 알고 있으면 좋다. 이직할 때 몸값이야 높을수록 무조건 좋겠지만, 통상 15퍼센트 이상 올리는 것이 바람직하다. 단순히 이직으로 급여가 오른다고 생각하는 경우가 많지만 아닌 경우도 있다. 근속이 단절되기 때문에 추후에 받을 수 있는 퇴직금이 깎이는 것이다. 그래서 연봉을 15~20퍼센트 올린다고 해도 전체적으로 따졌을 때 이득이 아닌 경우도 있으니 잘 체크해봐야 한다.

다섯번째는 HR 입장에서 여자 직원들에게 해주고 싶은 이야기다. 보통 회의장에 들어오면 눈에 안 띄려고 친한 여자 직원끼리 가장자리에 옹기종기 앉는 경우가 많다. 이는 한국뿐만 아니라 외국도 그렇다. 하루는 젊은 외국인 인사부장이 회의장에 들어오더니 당당하게 걸어서 커다란 라운드 테이블 제일 중앙에 딱 앉았다. 어찌나 인상 깊고 멋지던지 그 모습이 잊히지 않는다. 그래서 평소에도 그때 기억을 마음에 새기면서 회의나 행사가 있을 때 당당한 태도를 가지려고 한다. 가장자리가 아닌 중간에 앉으려고 하고, 주변 사람들에게도 이 같은 조언을 건넨다. 회의 때도 이 시간은 빼도 박도 못하게 어디 가지도 못하는 순간이니 한마디라도 하라고 말한다. 그냥 여기에 내가 존재한다는 걸 알려라. 남자 직원들은 앞뒤가 안 맞아도 치고 나가서 말하는 경우가 많은데, 여자 직원들은 주위 눈치를 살피느라 그러지 못하는 경우가 많은 것 같아 안타까웠다.

회사를 제법 오래 다녀도 HR의 기능에 대해서 무관심한 경우가 많다. 하지만 HR은 회사 경영진을 대변하는 역할을 담당한다. 그래

서 회사 정책과도 맞닿아 있으니 지속적으로 관심을 가져야 불이
익도 당하지 않고 좀더 슬기로운 조직생활을 할 수 있다.

Q20 육아와 일, 병행할 수 있을까요?

팟캐스트 30화 2부

워킹맘, 오늘도 존버합니다

_신차장

나, 신차장. 40대. 현재 아기 한 명을 키우면서 회사를 다니고 있는 워킹맘. 맞벌이를 하고 있으나 친정 부모님이 집에서 200미터 떨어진 곳에 사셔서 출근하는 동안엔 부모님이 아기를 사랑으로 돌봐주심. 엄청난 고소득은 아니지만 맞벌이하면서 친정 부모님께 드리는 육아비 및 돈으로 해결 가능한 육아 관련 이슈는 적당히 메꿀 수 있는 정도.

'워킹맘을 위한 육아 환경' 점수를 매길 수 있다면 이 정도는 꽤 상위권일 것이다. '가까이 사는 친정'과 '적당한 돈' 카드를 양손에 움켜쥐고, '여자 커리어의 무덤'이라는 워킹맘 시기를 그럭저럭 무난하게 보내며 일과 육아를 잘 병행하고 있다. …라고 간절히 쓰고 싶지만 현실은 '오늘만 버티자'로 살고 있다. 오늘을 버텨야 내일도 오는 거니까. 어디 가서 '힘들어요'라고 투정할 군번도 안 되다는 걸 알기에, 그냥 이 정도면 최상의 환경에서 애를 키우는 거다, 라며 스스로를 달랠 때도 있다.

일과 육아를 병행하기에 최상의 환경을 구축해놨다고 생각했는데, 왜 나는 가끔 많이 작아지고 예전보다 미안하단 말을 많이 하며 살고 있을까.

#1

오후 3시. 본사에서 메일이 왔다. 진행 중인 프로젝트 관련해서 컨퍼런스콜을 하자는데, 서울 시간으로 저녁 8시??? '왜 8시야?! 그냥 5시나 6시로 하자고! 왜 퇴근 시간 후에 업무 컨퍼런스콜을 해?'

프랑스 본사에 있는 워킹맘들은 이런 제안을 받으면 우아하고 단호하게 "업무 시간 이후엔 가족에게 충실해야 하기 때문에 할 수 없어요"라고 할까? 퇴근 후의 시간에는 가족과 나에게 집중해야 하니까? 하아, 모르겠다. 결국 지사는 본사 시간에 맞춰야 하고, 그래서 내가 뭐라고 하든 8시에 진행되겠지. 그럼 아기는? 나 그때 아기 봐야 하는데?

“저… 이사님, 혹시 방금 온 메일 보셨어요?”
“네. 8시에 콜 하자고 하던데?”
“네. 그런데 그때 제가 아기를 보고 있을 것 같은데…. 남편도 오늘 퇴근이 좀 늦을 거 같아서요. 좀 늦게 조인하던가 아니면 들어가더라도 뮤트(음소거)로 해놓고 있어야 할 거 같아요.”
우리 아기가 최근 옹알이가 터져서 귀엽긴 하지만 본사에 자랑하고 싶은 생각은 없으니까.
“그래요. 어차피 얘기할 건 많이 없을 거고 질문이 있으면 내가 코멘트 할게요.”
“네네, 감사합니다.”

이럴 때 상사가 애아빠라는 것에 감사하게 된다. 그것도 비교적 육아에 적극적으로 참여하는 터라 회사 일을 하면서 육아하는 게 얼마나 어려운지 아는 사람이다. 그래서 이런 것도 편하게 얘기할 수 있는 편이다. 하지만 이런 요청이 잦아지는 걸 좋아하진 않겠지? 결국 ‘상사’니까. 엄마가 8시 이후로도 아기를 봐주실 수 있을지, 살짝 눈치봐서 부탁드려봐야겠다.

#2

“저 왔어요~.”

“어, 왔니? 오늘 좀 늦었네?”

“네. 회사에서 일이 있어서.”

엄마의 안색을 살피니 좀 피곤해 보인다. 무슨 일이 있었나? 아기가 생떼를 부렸나?

“엄마 얼굴이 좀 안 좋으신데. 피곤하세요?”

“응, 아까 오후에 아기랑 산책 다녀왔는데, 애가 잘 놀다가 들어가자고 하니까 안 들어간다고 울고 난리 났었다. 집에 오는 내내 울었어.”

“아이고….”

“애가 점점 고집이 세지니까 나도 요즘은 좀 힘드네.”

당연히 힘드실 거다. 엄마보다 젊고, 운동으로 다진 체력을 가진 나도 주말 동안 아이를 돌보고 나면 녹초가 되니까. 지친 얼굴로 “너도 밥 먹고 갈래?”라고 묻는 엄마에게 8시 이후까지 봐주실 수 있느냐는 말을 꺼낼 수 없다. 아니, 꺼내선 안 되지.

“아기 데리고 갈게요~. 엄마 빨리 쉬세요. 오늘도 고생하셨어요.”

#3

“What I want to discuss with you⋯.”

“엄마엄마~ 엄마아~”

“어어, 엄마 여기 있어. 엄마 여기 있잖아~.”

결국 아이를 보면서 에어팟을 끼고 컨퍼런스콜에 조인했다. 밤이 돼서야 진득하게 앉아서 자기를 봐주는 엄마에게 연신 미소 짓는 아이랑 놀면서도, 동시에 뇌에서 남은 정신(그런 게 있다면)을 그러모아 회의에 집중하려 애써본다.

“The client decided to refuse⋯.”

이 이슈는 우리 팀과는 관련 없는 것이고 그럼 살짝 긴장을 풀어도 되려나? 그래도 갑자기 내 이름을 부르거나 ‘서울?’이라고 물어볼 수 있으니 듣고는 있어야⋯.

“엄마엄마~ 저거저거!”

“음악 틀어달라고? 아냐 음악은 이따 듣자~. 이따 아빠 오면 틀어줄게.”

미안해. 그래도 엄마가 콜 내용을 들어야지⋯. 어라, 근데 지금 무슨 얘기 했는지 못 들었네? 40분 동안 이어진 콜 내내 이 패턴의 반복. 결국 콜이 끝날 즈음에는 내 이름이 끝내 호명되지 않았다는 안도감도 잠시, 회사 일도 육아도 어느 것 하나 집중하지 못했다는 생각에 마음이 쭈글쭈글해졌다.

무언가를 열심히 하긴 했는데 제대로 된 게 아무것도 없다. 상사가 콜에 들어간다고 했으니 그냥 나는 들어가지 말 걸 그랬나. 아니면 친정 엄마에게 미안하더라도 9시까지 아이를 봐달라고 해야 했을까. 그럼 9시까지 엄마를 기다려야 하는 아이는? 동료에게 미안하고, 엄마에게 미안하고, 아이에게 미안하고. 미안한 사람도, 경우도 매일매일 반복되는 느낌이다.

육아 휴직을 마치고 복귀한 후, 한동안 선배 워킹맘들을 붙잡고 물어본 질문이 있다. 언니는 이 힘든 시기를 어떻게 버텼어요? 그리고 지금도 어떻게 하고 있는 거예요? 너무나 궁금했다. 남들은 어떻게 이 시간을 보냈을까. 내 마음대로 할 수 있는 건 얼마 없고, 해야 하는 건 많고…. 결국 제대로 하지 못한 마음에 속상해서 혼자서 주룩주룩 우는 이 시기를 당신들은 무엇으로 견뎠나요.

"그냥 어쩌다보니 여기까지 왔네."

“그냥 다녔어. 그러다보니 애들 다 컸더라고.”

“카드값 갚으려고 다니지 뭐~.”

존버의 비결은 따로 없는 건가. 비장한 각오도, 큰 결심을 가질 여유도 없이, 그들도 나처럼 ‘오늘만 버티자’라고 하다보니 여기까지 오게 된 것일까? 그렇다면 오늘만 버티는 원동력은 어디서 오는 것일까?

사실 그동안 회사를 그만두라는 얘기가 아예 없었던 건 아니었다. 나 역시 이 생각을 한 번도 안 해본 것은 아니다. 무슨 이유 때문인지는 모르겠지만 ‘싫다!’라고 매번 대차게 반박하며 아직까지 다니고 있다. 나만의 시간이 그토록 소중했던 내가 그 집착을 내려놓고, 누구에게도 아쉬운 소리를 하기 싫어했건만 이젠 가끔은 얼굴에 철판 깔고 아쉬운 소리도 실실 건넨다. 아기를 재우고 졸린 눈을 비벼가며 낮에 못 끝낸 업무를 마무리하기 위해 새벽 2시까지 일하기도 한다. 그렇게 ‘오늘만 잘하자’며 회사를 다니고 있다. 특별한 욕심이나, 야망 없이.

또 8시 컨퍼런스콜 제안이 왔다. 프로젝트 관련은 아니어서 내가 필요하진 않을 것 같은데. 아시아 대표라고 초대받은 거니 그냥 아무 말 없이 안 들어가긴 그렇고, 어떻게 해야 하나…. 오늘도 남편은 늦고, 엄마는 피곤하실 거고, 아이는 나를 보면 좋아하겠지. 한참을 망설이다 함께 초대받은 홍콩 동료에게 메신저를 보냈다.

"오늘 콜 말인데, 나 사실 그때 아기를 혼자 봐야 해서 조인하기 힘들 거 같아. 최대한 조인하도록 해볼 텐데, 그렇더라도 코멘트는 못할 거 같아."
"괜찮아. 걱정하지 마. 어차피 서울은 퇴근 시간이잖아. 공유할 거 있으면 나중에 알려줄게. 걱정하지 마. 아기에게 집중해! 패밀리 타임은 중요하니까."
"고마워!"

친절한 말과 배려심이 참 고맙다. 하지만 이렇게 오늘도 나는 '패밀리 타임'으로 인해 회사에서 조금씩 멀어지는 느낌이다. 괜찮아. 아기가 조금 더 크면, 그래서 손이 좀 덜 가게 되면 부탁도 덜 하게 되고 이런 아쉬움도 점점 옅어지겠지. 하지만 "아이가 생기더라도 어려운 프로젝트 싫다고 안 할 테니 저에게 주세요"라고 당차게 얘기했던 그때의 나와 지금의 나는 같은 사람일까?

"참 겁도 없었네. 그런 말을 다 하고."

계속 욕심을 부리고 싶지만 지금 당장은 '오늘'도 벅차다. 지금은 '회사를 놓지 않는 것'이 내가 부릴 수 있는 최대한의 욕심이겠지. 이러는 와중에 문득 둘째 생각도 하는 나는 아직도 현실 파악을 못하는 욕심쟁이인지도 모르겠다.

"애도 보고, 일도 하고. 워킹맘들은 정말 대단한 거 같아요."
참 고마운 말이지만 스스로는 대단하단 생각이 들지 않는다. 아슬아슬하게 둘 다 하고 있지만 '잘하고 있는가'에 대한 대답은 아직도 할 수 없다. 잘하고 있다고 뿌듯해하다가도 누군가의 무신경한 말에, 스스로 쌓아올린 부담감에, 우연히 본 인터넷 댓글 하나에 마음 한 켠이 와르르 무너진다.

가끔은 어처구니없고 화가 날 때도 있다. 낳는 건 생물학적으로 여자만 가능하니까 그렇다 치더라도, 왜 아직도 육아의 의무를 여자가 좀더 부담해야 할 것 같은 압박을 주는 걸까. 출산 후 여성의 커리어를 장려하는 동시에, 육아에서 주로 엄마의 역할을 강조하는 모순. 노래 가사처럼 트위스트라도 추고 싶다. 어쩌란 말이냐 정말.

그렇다면 결국 일과 아이 중 하나를 선택해야 할까?
일하면서 아이를 키우는 일은 내가 상상했던 것보다 훨씬 힘들었다. 힘들 거라고 이미 예상했고, 거기에 대비해서 모든 준비를 했다고 생각했는데도 이제까지 겪었던 어떤 일보다도 힘들었다. 하지만 그럼에도 불구하고, 위의 질문에 대한 내 대답은 '아니오'다.

회사를 나와야 할지 고민한 적이 여러 번이었지만 그동안 쌓아온 게 너무 아까웠다. 울고 웃고 속앓이도 하면서 여기까지 쌓아온 내 커리어니까. 한편 아이는 너무나 사랑스럽고 내가 더 열심히, 더 나은 사람으로 살도록 노력하게 만들어주는 존재다. 이 둘 중 하나를 선택한다니, 나는 아직도 선택할 수가 없다.

그래서 오늘도 회사에 가고 퇴근 후에는 육아를 한다. 마음 한 켠이 무너지는 날도 있지만 그럴 때는 빨리 보수공사를 한다. 서툴고 급하게, 삐뚤빼뚤할 때가 많지만 그럼에도 "내일은 리셋!"을 외치며 잠자리에 든다. 오늘보다 내일이 더 낫겠지. 내일보다 모레에는 더 나아지겠지, 라고 바라면서.

영업으로 전업한 후 첫해에도 그랬다. 모르는 게 너무 많아서 살얼음을 밟는 심정으로 하루하루를 보냈을 때 '내년엔 더 나아지겠지'가 유일한 희망이었는데, 진짜 그렇게 되더라. 첫해보다 두번째 해가 덜 힘들었고, 세번째 해는 훨씬 덜 힘들었다.

워킹맘 2년 차. 내가 잘하고 있는지, 옳은 선택을 한 건지 아직도 가늠할 수는 없다. 하지만 내년엔, 그리고 내후년엔 더 확신을 가지고 자신감 있게 일과 육아를 병행할 수 있지 않을까. 그때가 되면 내 마음의 벽도 탄탄해져서 더이상 쉽게 무너지지 않겠지. "이러다 '인자강(인간 자체가 강하다)' 되는 거 아니야?"라고 중얼거리다 피식, 혼자 웃어본다.

육아와 일을 병행하는, 그리고 병행을 꿈꾸는 분들. 오늘도 존버하느라 고생 많으셨어요. 쉬운 길도 아니고, 생각지도 못한 난관에 매일 부딪히겠지만 이 길을 선택하신 모든 분들의 건투를 빕니다. 우린 잘할 수 있을 거예요.

Q21

결혼,
꼭 해야 할까요?
주변에서 성화라
괜히 불안해져요

팟캐스트 120화

이 나라에서 싱글로 살아간다는 것

_이과장

"실버타운은 영자를 춤추게 한다"라는 제목의 영상을 클릭했다. 이 영자라는 사람을 좋아해 그녀를 보고 싶은 마음도 있었지만 그보다는 '실버타운'이 궁금해서 클릭한 이유가 더 컸다.

"지금은 괜찮지, 그런데 늙어서가 걱정이야. 너희들은 자식도 있고 남편도 있잖아. 난 비빌 언덕이 없어요. 없어."

미혼인 내가 결혼한 친구들을 만나면 습관처럼 내뱉는 말이다. 그렇다. 지금은 큰 걱정이 없다. 아직은 특별히 아픈 곳도 없고 욕심 부리지 않으면 나 혼자 건사할 만한 월급을 주는 회사에 다니고 있으니 말이다. 하지만 나는 오래 사는 것이 리스크가 된 현대사회를 살고 있다. 미래의 어느 시점에 곁에 가족도 없이 혼자 외롭게 살아가고 있는 모습이 문뜩문뜩 머릿속을 채울 때면 두려운 감정이 보태어진다. 영자 언니처럼 돈이 많아 실버타운에 입성할 수 있다면 이 걱정은 일부분 사라질 수 있을지도 모른다. 너무나 잘 알고 있듯이 직장인의 '쁘띠'한 월급을 갖고 괜찮고 외롭지 않아 보이는 실버타운에 입성하기란, 서울 아래 내 집 마련만큼이나 쉽지 않다. 그래서 사람을 만나러 다니는 것에도, 좋아하는 것을 즐기는 데에도 게으를 수가 없다. 할 수 있을 때 미리미리 준비해야 하니 말이다. 싱글에게 믿을 것은 오로지 나 자신! 그리고 큰 자산도 바로 나야 나!!

일주일에 한 번 열리는 경제스터디 모임에 처음 나간 자리에서 자기소개를 했다. (전형적인 한국스타일로) 나이와 직업을 말하자 그 자리에 있던 누군가가 반응을 보였다. "누나 나이쯤인 사람들은 찾기 힘든데." 실제로 그렇다. 나와 비슷한 또래의 여자들을 모임에서 만나기란 쉽지 않다. 회사에서도 점점 힘든데 사적인 모임에서조차 없다니. 다들 어디에 있는 것인가? 육아 때문에 그런가보다 싶다가도, 바로 앞에는 내 나이와 비슷한 워킹대디가 앉아 있다.

내 주위 싱글 여성들은 말한다. 친구들이 결혼해버리자, 특히 육아를 시작하자 함께 시간을 보낼 사람들이 점점 사라져 심심하다고 말이다. 나 역시 친구들과의 삶의 패턴이 바뀌자 자연스레 연락 주기가 길어졌고 그만큼 만나기도 힘들어졌다. 다른 게 있다면 심심하진 않다는 점. 야근을 하면서도 시간이 생기면 블로그를 검색해 내가 좋아하는 위스키 모임에 나갔다. 주야장천 술만 마시는 게 아니라 위스키가 생산되는 지역의 문화는 물론, 위스키와 페어링이 잘되는 음식을 파는 식당을 알게 됐다. 그리고 이것은 나의 취향이 됐다. 회사에서 자연스럽게 '위스키와 맛집을 잘 아는 이과장'이라는 캐릭터를 얻었고, 때로는 나의 취향으로 회식 장소를 선택할 기회를 얻기도 했다.

이것뿐만이 아니다. 한 달에 한 번씩 독서모임에 나갔다. 그곳에서 지금 하고 있는 〈언슬조〉 팟캐스트 멤버들을 만나, 그 덕택에 두 권의 책을 쓰게 됐다. 특별한 목적이 있어서 시작한 게 아니었다. 내가 좋아하는 것에 대해서 알고 싶었고 회사 사람이 아닌 다양한 사람들의 이야기를 들으며 리프레시하고 싶은 마음, 가벼운 마음이었다. 앞서 말한 것처럼 슈퍼 내향인이기에 적극적으로 나서며 모임 분위기를 주도한 것도 아니다. 기회가 되면 무리하지 않는 선에서 참여하며 애쓰지 않고 주변 사람들의 테두리를 넓혔다.

'돈, 일, 사람' 중 하나만 만족하면 회사에 다닌다는 이야기를 듣고 내 지인들은 어떤지 궁금해졌다. 그래서 제법 질문을 던지는 편인데, 생각보다 '사람'이라는 대답의 비중이 꽤 높다. 돈도 커리어도 중요하지만 사람이 주는 영향력이 매우 높다는 의미다. 배우자에 의해서 기혼자들의 삶이 많이 바뀌듯, 싱글들 역시 주위에 어떠한 사람을 두느냐에 따라 삶의 밀도와 깊이가 매우 달라진다. 혼자서도 밀도 있고 깊이 있는 삶이 가능하지만 곁에 어떠한 사람이 있느냐에 따라 그 범위와 차이는 천차만별이 된다. 나이가 들면 언제나 함께일 것 같은 친구들도 각자 삶의 주기에 맞는 역할에 충실해지면서 잠시 멀어지는 시간이 온다. 그럴 때 외로움을 달래기 위해 일에 힘쓰기보다는 새로운 삶을 보여주고 같이할 수 있는 친구들을 만들자. 내가 좋아하는 것부터 시작하면서 말이다.

그 친구가 꼭 나와 비슷한 나이일 필요는 없다. 싱글의 장점은 그 어느 것에도 구속되지 않고 자유를 누리는 것 아닌가. 나이라는 숫자에 갇히는 것은 너무 고리타분하고 답답하다. 커리어에 올인하고 싶을 때 고민을 들어줄 사람, 조언을 해줄 사람, 회사를 그만두고 다른 일을 하고 싶을 때 도움을 줄 수 있는 사람. 각자가 지나온 다양한 길에 따라 우리는 서로 힘이 되기도 하고, 도움도 줄 수 있다.

경력이 쌓여 중간관리자급이 되면 의사결정을 하는 역할 또한 커진다. 이때 필요한 것 중 하나는 동종업계의 현황과 전반적인 흐름이다. 필요할 때 주위 사람을 수소문하면 이미 늦은 감이 있으니 미리미리 준비한다는 생각을 갖고 열린 마음으로 사람들을 만나자. 회사 일이든 개인적인 일이든, 결국은 아직 로봇이 아닌 사람이 하고 대부분 사람 때문에 발생하니 무언가의 시작과 끝은 언제나 사람에서 나온다.

"이 과장, 동생들 아직도 결혼 안 했어?" 이제는 내가 아니라 내 동생들의 결혼 여부까지 신경쓰는 사람이 생겼다. 이미 내가 싱글인 것은 알고 있으니 굳이 물을 필요가 없겠지. 부서이동으로 5년 전 같이 근무했던 한 상사와 다시 일하게 되면서 오랜만에 가진 점심식사 자리였다. 참 신기하게도 어른들은 이런 부분에서는 기억력이 좋다. 회사 일은 늘 잘 기억하지 못하는데 말이다. "엄마가 걱정이 많으시겠어?"라는 말도 덧붙였다. 우리 엄마는 괜찮다고, 안 해도 된다 하셨는데 말이다. 옆에서 보고 있던 부장이 "요새가 어떤 시대인데 그래. 그런 소리 마. 허허허"라고 하는 덕에 우리 자매의 결혼은 도마에서 내려올 수 있었다. 다행스럽게도 세상은 이렇게 조금씩 변해가고 있다. 걱정이랍시고 이런 이야기를 하는 게 절대 예의가 아님을 네 명 중에 한 명은 인지하게 되었다.

나 역시도 예전 같지 않다. 이제는 이러한 이야기에 “이 과장, 밥 먹었어?”와 같은 수준으로 받아넘긴다. “따님 수험생활은 어때요? 요새 COVID-19라서 학교도 잘 가지 못하던데?” 재빠르게 화제를 전환하는 내공도 생겼다. 처음에는 내 결혼 여부가 왜 이리 중요할까 의도가 무엇일까 궁금하기도 했다. 하지만 몇 마디 더 해보면 아무 생각 없이 하는 말임을 알게 된다. 그러니 나도 아무 생각 없이 받아치면 된다. 심각하게 받아들일 필요가 없다. 이왕이면 누군가의 입에서 이러한 이야기가 나오지 않는 게 가장 좋지만 말이다.

이렇게 1단계를 클리어할 수 있게 되었다. 그러자 다음 단계가 기다리고 있었다. “이과장은 결혼 안 했으니 신경쓸 일이 별로 없어서 좋겠어. 일만 하면 되지?” 내 삶을 살아본 것도 아닌데 어쩜 다 아는 듯이 말하는지, 무슨 확신에 이렇게 말하는지 알 수는 없다. 그래도 한 가지 확실한 것은 이렇게 말하는 사람들은 결혼을 했고, 지금 좋지 않은 시기를 겪고 있다는 사실이다. 한마디로 그다지 행복하지 않다는 것.

물론 기혼자들에 비해 신경쓸 게 없다고 생각하는 그 마음은 충분히 이해 가능하다. 하지만 싱글들의 삶이 마냥 편할까? 절대 그렇지 않다. 사회에 ‘또라이 질량보존의 법칙’이 존재하듯 인생에는 ‘스트레스 질량보존의 법칙'이 있다. 결혼생활에서 오는 스트레스가 없는 대신, 이렇게 할말 못 할말을 아무렇게나 던지는 사람들 때문에 발생하는 스트레스가 있다. 그러니 스스로 어떤 종류의 스트레스에 강한지 잘 알아야 한다. 만약 이러한 외부 공격에 약해서 잘 견딜 자신이 없으면 결혼하는 것이 나을 수도 있다. 남들만큼 살아야 한다는 생각이 강하다면, 이 경우도 결혼을 고려해볼 만하다. 다만 나이가 됐으니 외롭다는 이유로 쫓기듯 하면 큰일난다. 외롭다고 아무 의자에나 덥석 앉으면 안 된다. 하지만 곁에 좋은 사람이 있어 할까 말까 고민이거든 후딱 하는 것이 나을 수도 있다.

회사에서 제공하는 복지 중 싱글 여성에게 적용되는 것을 찾아보기는 힘들다. 그래서 늘 후배들에게 하는 말이 있다. 남들과 비슷한 삶을 사는 것이 목적이라면, 한 살이라도 어릴 때 빨리 결정해서 회사의 구성원으로 누릴 수 있는 복지를 최대한 이용하라고. 이것이야말로 회사가 선사하는 최대치의 아름다운 구속이며 부드러운 족쇄다. 그렇다고 복지 생각에 덥석 결혼하는 사람은 없겠지. 그 정도의 분별력은 다 있을 거야.

Q22 일할 때 돈 얘기를 어떻게 꺼내야 할지 모르겠어요

팟캐스트 145화

내 몸값은 내가 챙긴다

_박PD

"얼마면 될까요?"

프리랜서 생활을 시작한 후로 부딪혔던 가장 난감한 질문은 이것이었다. 초기에는 "주시는 대로 하겠습니다"가 내 대답의 전부였다. 경력이 많지 않아서 계약을 따지 못할까봐 두려웠을뿐더러 내가 하는 일의 가격이 얼마인지 나 자신조차 잘 몰랐기 때문이다.

하지만 돌이켜보면 당시 내 노동의 대가는 몇 달간 밤을 새우며 태워버린 에너지와 다음달 카드 결제금액에 겨우 맞출 정도의 보수였다. 생계비와 실비를 친절하게 가져가버린 카드회사 덕에 0이 찍힌 잔고를 보는 순간, 같은 금액으로 다시는 이 작업을 할 수 없을 거라는 생각이 들었다. 나는 유사한 프로젝트들이 어떤 견적을 받고 있는지 알아보기 시작했고, 500만 원을 받아야 할 작업을 200만 원에 했다는 사실을 알게 됐다. 진지하게 몸값을 올리자고 고민하게 된 건 그때부터였다.

나의 가치를 선뜻 돈으로 말하기란 영 불편한 일이다. 클라이언트들이 생각하는 금액에 맞춰주지 않으면 계약이 불가능할 것만 같다. 막상 계약을 눈앞에 두면 최저임금 노동에 지쳤던 기억은 잊고 또다시 가격을 낮게 말하고픈 유혹에 시달리곤 한다.

그때 친구가 팁을 하나 주었다. 클라이언트 쪽에 살짝 예산을 물어본 후, 다음과 같이 협상해보라는 것이다.
“프로젝트에 투입할 예산이 얼마인가요?”
“저희는 100만 원 생각하고 있습니다.”
클라이언트가 부르는 값이 낮다면 이렇게 답해본다.
“본래는 200에 하는데… 누구누구 씨에게 소개받은 프로젝트고 하니 이번에만 특별히 맞춰드릴게요.”

그렇게 하면 나의 가치를 떨어뜨리지 않으면서 상대방의 견적에도 어느 정도 맞출 수 있다고 했다. 클라이언트 쪽에서 고마워하는 것은 덤. 실제로는 그 가격에 하지 않더라도 내 가치를 떨어뜨리지 말라는 귀중한 교훈이었다. 그렇게 수차례 내 몸값을 입으로 말하는 연습을 해본 후, 나는 적절한 보수를 받을 수 있었다. 클라이언트들이 높은 몸값으로 나를 다른 곳에 소개해주기 시작했기 때문이다.

내 가치는 과연 얼마일까? 사회생활을 하면서 내 가치를 돈으로 환산해보는 연습은 비단 프리랜서뿐 아니라 회사원에게도 필요하다. 이과장은 사수조차 없는 신사업을 혼자 세팅하는 경력까지 쌓았음에도 불구하고, 복사기와 우체국을 왔다갔다했던 신입 때의 연봉과 크게 다르지 않았다고 한다. 오랜 기간 연봉 정체기를 겪은 이과장은 여섯번째로 이직한 직장에서 직급 상승과 함께 비로소 유의미한 연봉 인상을 경험할 수 있었다. 연봉 테이블이 합리적인 직장으로 과감하게 이직을 한 결과였다.

이과장은 스스로의 가치보다 너무 낮은 연봉에 오래 머무르지 말라고 조언한다. 보상이 더이상 동기부여를 하지 못하는 순간은 반드시 온다. 인정받지 못한다는 느낌을 주는 기간이 오래 지속되면, 일하기도 싫어지고 의욕도 생기지 않기 마련이다. 결국 최선을 다할 필요가 없다는 걸 깨닫고 '대충' 하고 있는 자신을 발견하게 된다. 폰트를 더 예쁘게 바꾸지 않아도, 요약을 더 잘하지 않아도, 자료를 더 찾지 않아도, 더 깔끔하게 정리하지 않아도 통과가 된다는 걸 깨닫는 순간, 저렴한 값에 더 잘해줄 필요가 없다는 걸 무의식적으로 학습하게 되는 셈이다. 즉 내가 만들어낼 수 있는 퍼포먼스가 100이라면 30 혹은 50만큼만 하게 되는 것이다. 그러면 또다시 고만고만한 퍼포먼스에 걸맞은 급여만 받게 된다. 결국 이것은 악순환에 빠지는 길이다.

물론 크게 돈 욕심을 내고 싶지 않은 사람도 있을 것이다. 하지만 이는 욕심에 관한 문제가 아니다. 성장에 관한 문제다. 보상은 나의 퍼포먼스에 영향을 미친다. 값싼 가격으로 일하는 게 도움이 되지 않는 이유는, 결국 그 돈값에 맞는 결과물만 내고 내 능력을 제대로 증명할 기회는 영영 갖지 못하기 때문이다.

급여 협상 시 잊지 말아야 할 것이 또 있다. 내가 부르는 값이 언제나 업계의 다른 사람들에게도 영향을 미친다는 점이다. 나 정도의 연차가 너무 낮은 연봉을 수락해버리면 나보다 낮은 연차의 사람들은 훨씬 적은 연봉으로 일하게 된다. 프리랜서도 낮은 견적에 타협하는 사람이 많아지면 업계 전체의 페이가 낮아진다. 내 실력에 걸맞은 몸값을 부르기가 부담스러울 때는 언제나 다른 사람들을 위해서 협상한다고 생각하라.

당장 협상할 일이 없다 하더라도 업계에서의 내 가치를 객관적으로 생각해보는 연습은 필요하다. 엄연히 최저임금이 존재하고, 사람이 살아가는 데 필요한 생계비가 있는 법이다. 기업은 규모에 따라 정해진 연봉 테이블이 존재한다. 또한 기술직, 전문직은 1년 차, 5년 차, 10년 차 등 경력이나 숙련도, 연차에 따른 업계별 표준 노임단가(디자이너, 소프트웨어, 건설업 등은 업계별 '노임단가'로 검색하면 매년 정부에서 공표한 등급별 노임단가를 볼 수 있다)도 존재한다. 내가 하루를 열심히 일했을 때 적어도 이 정도는 받아야 한다는 건 염두에 두고 일하자. 또한 내가 어느 정도의 급여를 받았을 때 지치는지, 얼마나 적었을 때 일할 의욕이 꺾이는지, 어디까지 견디고 일할 수 있는지 그 마지노선을 정해두는 것도 중요하다.

일하는 나에게 높은 가치를 매기는 것에 죄책감을 가지지 말자. '이 정도의 금액을 받는데 기대한 결과를 못 내면 어떡하지'라는 생각은 버리자. 받은 만큼 하지 못할까 걱정하는 대신 더 많이 받고, 더 열심히 하면 된다. 밤낮없이 좋은 프로젝트를 위해 고민하고, 책상 앞에서 길에서 미팅에서 열심을 다하는 사람들이 적절한 대가를 받는 것은 정당한 일이다.

Q23

연봉 협상, 과연 협상이 가능하긴 한가요?

팟캐스트 135화

당당하게 회사에 원하는 것 어필하기

_신차장

"좋은 기회니까 잘 얘기해보세요, 신차장."

정말 좋은 기회다. 세일즈로 업무를 변경한 후 3년간 거북이처럼 느릿느릿 올라가던 연봉 인상에 대해 아시아 헤드에게 직접 어필할 기회가 생긴 것이니까. 그런데 또 한편으로는 막막하다. 뭐라고 해야 하나. 남들도 다 안 올랐는데 너만 특별히 올려줘야 하는 이유를 말하라고 하면? 지난 3년간 매년 프로젝트를 하나 이상씩 끝내서 수익을 창출했다고 얘기할까? '그게 너 혼자 잘해서 된 거니?' 라고 하면 뭐라고 해야 하지?

후우우우우우- 숨을 크게 들이쉬었다 내쉰다. 침착하자. 저렇게 유치한 티키타카로 흘러가진 않을 거야. 하지만 스토리를 잘 짤 필요는 있어. 너무 빤하더라도 아시아 헤드가 납득할 수 있도록.

3년 전, 비서에서 세일즈로 업무를 변경했을 때 연봉 인상을 강하게 주장하지 않았다. 내 입장에서는 연봉을 올리는 것도 중요했지만 업무를 바꾸는 게 더 중요했으니까. 쉽게 얻기 힘든 기회가 주어진 것이기에 고마운 마음에서 이슈를 제기하지 않기도 했다. 그때는 '앞으로 은혜 갚는 까치가 되어 열심히 일하겠습니다!'라는 마음이었으니까. 그래서 회사에서 제안한 인상률에 문제를 제기하지 않았다. 그때만 해도 그 정도 인상폭에 만족하기도 했고.

그 이후 3년, 나는 여전히 동료들 및 마켓 평균 레벨보다 한참 떨어지는 연봉을 받고 있었다. 시간이 지나니까 '은혜 갚는 까치' 모드도 해제되고 현실이 눈에 들어오더란 얘기다. 나도 똑같이 일하는데, 더 하면 더 했지 덜한 적은 없는데. 물론 나만 덜 받은 것도 아니고 회사 전체 연봉 인상률이 짠 것이긴 하지만 말이다. 그래도 일하는 것에 비해 너무 적게 받는 것 같은데? 이런 불만이 점점 마음속에 차곡차곡 쌓이면서 숙성이 되더니, 어느 날 예고도 없이 뻥 터졌다.

"이사님이 보시기에도 제 연봉이 마켓 대비 너무 적지 않나요? 저 이번에 아시아 헤드가 서울에 오면 얘기를 해야 할까봐요."

“헬로~.”

부드럽게 미소 짓는 그에게 씩 웃어주며 지금까지 생각한 스토리 라인을 되새겨본다. 열심히 일했으니 연봉을 올려달라는 건 당연한 요구 같은데, 말 꺼내는 건 왜 이리 힘든지. 세상에는 ‘내가 이런 일을 하는데 당연히 이만큼은 받아야지!’라고 당당하게 주장하는 사람들도 정말 많은데 말이다.

“…앞으로 우리 팀의 비즈니스 전략은 이렇습니다. 마지막으로 나에게 하고 싶은 얘기 있나요?”

후우- 이제 말해야 해. 다른 사람이 대신 잘 얘기해주길 바랐지만, 아무도 얘기해주지 않을 내 연봉!

“네. 제 연봉에 대해서 얘기하고 싶습니다.”

그동안 머릿속에서 정리했던 포인트들을 떠올리며, 천천히 얘기하기 시작했다. 영업직이 된 후 3년간 꾸준히 좋은 실적을 냈지만 연봉이 정체기였던 것, 아무도 알아주지 않는 설거지 업무가 엄청나게 많았던 점, 나랑 같은 일을 하는 다른 은행, 같은 포지션에 비해 내 연봉이 현저히 낮은 것, 심지어 옆 부서 주니어와 비슷한 수준이라는 것. 좋은 기회를 받았고 그에 대해선 너무나 감사해하고 있지만 이제는 남들과 똑같이, 일한 만큼 받기를 원한다는 것.

아시아 헤드는 꽤 진지하게 내 얘기를 들어주었다. 가끔은 고개를 끄덕이기도 하고 또 어떤 포인트에선 고개를 흔들며 반박하기도 했으나, 그의 결론은 다음과 같았다. “그래, 신차장 말에 일리가 있어요! 연봉 인상이 적절히 반영이 안 된 건 사실이니까. 나도 잘 얘기해볼게요.” 그리고 그해 연봉이 15퍼센트 인상됐다. 금액으로 계산하면 아직도 모자라긴 하지만, 그래도 나름 파격적인 대우였다.

내가 그때 그렇게 말을 잘했나? 포인트를 잘 짚으려고 애쓰긴 했지만 아무래도 영어로 얘기했기 때문에 우리말로 하는 것만큼 능숙하게 어필하진 못했을 거다. 그렇다면 나의 용기 있는 시도가 성공적으로 끝난 비결은 무엇일까. 무엇보다도 내가 ‘말을 했다’는 것, 이 사실 때문이지 않을까?

팟캐스트를 진행하면서 가끔 안타까운 사연들을 접할 때가 있다. ‘지금 이 상황이 답답합니다. 어떡하면 좋을까요?’ 이런 얘기를 들을 때마다 나의 답변은 한결같다.
“말을 하세요.”

물론 대뜸 말로 풀기엔 굉장히 민감한 상황과 사안도 있고, 이럴 땐 좀더 섬세한 접근 방법이 필요할 것이다. 하지만 내 마음을 알아주지 않아서 답답하고 속상한 상황을 타파할 수 있는 가장 좋은 방법은, 내 생각을 정중하고 분명하게 얘기하는 것이라고 생각한다.

내가 다른 사람의 생각을 모르는, 모를 수 있는 이유는 정말 많다. 내가 아니니까(?), 굳이 알고 싶지 않아서, 혹은 알고 있다고 착각하고 있어서, 알고는 있지만 아는 척하고 싶지 않아서 등등. 하지만 그 사람 앞에 앉아서 분명하고 솔직하게 내 생각을 얘기하면 그는 더이상 모른 척할 수 없게 된다. 내가 말한 내용을 싫어할 수는 있겠지만 말이다.

3년 전 내가 그랬다. 이걸 얘기한다고 바로 연봉이 인상되지 않을 수도 있고, 매니지먼트가 싫어할 수도 있다. 내 요구에 대해서 '어휴 얘도 다른 애들이랑 똑같은 말을 하네'라고 생각하며 무시할 수도 있다. 하지만 그래도 얘기하고 싶었다. 너무 답답했으니까. 이 상황이 부당하다고 생각했고, 상사들도 나랑 같은 생각을 하고 있는지도 궁금했다. 같은 생각이 아니라면, 적어도 이게 부당하다고 느낀다는 걸 알리고 싶었다. 그들이 정말 다른 생각이라면, 그들과 나의 온도차에 관해서도 얘기해볼 수 있고 말이다. 사실 우리 모두는 이미 한 번쯤 겪어보지 않았나. "사실 공부하기 싫었어요" "나 그동안 힘들었어"라고 말했을 때 깜짝 놀라는 부모님 혹은 친구,

애인의 표정을 보면서 '아 진짜 몰랐구나. 난 그동안 신호를 많이 줬다고 생각했는데'라고 느낀 경험.

말을 하자. 당신의 입장이 당당하다면 더욱더. 싸우라는 말이 아니다.(물론 필요할 땐 싸우기도 해야 한다.) 그냥 내가 원하는 것이 있고 그에 대해 당당하다면 솔직하고 씩씩하게 알려주자. 누구보다도 치열하게, 지치지 않고 나를 위해 싸워줄 수 있는 사람은 나밖에 없으니까.

본인이 회사에서 기여한 부분은
상사들이 알아차리도록 어필하세요.
가장 좋은 협상은 경쟁사의 스카우트 제의와
그쪽에서 제시한 연봉을 보여주는 거죠.

욕망을 감추는 것은 그만!
아끼는 사람의 연봉을 대신 협상한다고 상상하면
전투력 만랩이 될 거예요.

Q24

하루아침에
회사에서 잘렸습니다.
제가 뭘 잘못했을까요?

팟캐스트 110화

언제 닥쳐올지 모르는 해고, 남의 일이 아니다

_문대리

회사원의 가장 큰 즐거움, 점심시간. 맛있는 점심을 먹고 여느 때처럼 자리에 앉았는데 메일이 하나 와 있다. "내일부터 출근하지 마세요." 머리를 때리는 충격. 잘못 발송된 것은 아닐까. 이게 무슨 소리지? 믿을 수가 없다.

영화나 드라마에 나오는 이야기가 아니라 실제 우리 주변에서 일어난 일이다. 그녀는 중견기업의 해외 세일즈 과장이었다. 그 황당무계한 메일은 회사의 구조조정 결과로 인한 실제 해고통보였고, 그녀뿐 아니라 회사 내 여러 사람이 그 이메일을 받았다. 메일을 발송한 인사팀에 찾아가 따져 물으니 회사가 어려워져서 구조조정이 단행된다고 했다. 그 가운데 그녀가 맡고 있는 해외수출이 줄고 있으니 그만두라는 답을 할 뿐이었다.

해고는 그렇게 하루아침에 찾아왔다. 회사는 개인과는 의논 하나 없이 일방적으로 통보했다. 왜 이런 결정을 내렸는지 다른 길은 없었는지에 대한 설명 역시 없었다. 그녀는 회사를 나오면서 좌절감, 버려진 느낌과 서러움, 회사를 향한 분노 등에 휩싸였다. 오만 가지 생각과 감정이 교차하는 가운데, 나보다 일도 못하고 이상하다고 소문난 사람은 해고당하지 않았다는 것이 가장 납득할 수 없었다.

흔히 사람들은 구조조정 혹은 대기발령에 투명하고 명확한 기준이 있을 것이라고 생각한다. 허나 현실은 그런 기준을 알려주지 않는다. 어쩌면 존재하지 않을지도 모른다. 구조조정 또한 사람이 하는 일이라, 부양가족이 없는 싱글이라서, 여자라서, 누군가에게 밉보여서 등 알 수 없는 이유로 해고를 당하기도 한다.

경제가 어려워지고 회사가 어려워지면 사회의 약자가 가장 먼저 피해를 본다. 여러 사람이 다 같이 벼랑 위에 올라가 있는데 벼랑이 조금씩 무너지고 정해진 수의 몇 명만 살아야 한다면, 벼랑 위에 있는 사람들은 누구든 밀어내게 될 것이다. 그때 가장 약한 사람이 밀리고 회복할 수 없는 환경에 처할 가능성이 높다. 2008년 금융위기 때도 엄청나게 많은 여자들이 해고를 당했다. 금융권만 보더라도 해고당한 사람의 절반은 여자였다. 공평하게 남자 반 여자 반 잘린 것 아니냐고 반문할 수도 있다. 핵심은 금융권 전체에서 여자들이 차지하는 비중이 20퍼센트가 채 되지 않는다는 사실이다. 이는 회사에서 여자가 약자임을 알려주는 지점이다. 또한 당시 일자리를 잃은 여자들이 재취업을 하거나 복직해서 그 수를 회복하는 데에 걸린 시간은 자그마치 10년이라고 한다.

왜 여자들이 더 많은 확률로 해고당해야 했을까. 과연 여자들이 무능력해서, 회사에 쓸모가 없어서 해고당한 걸까. 여전히 사회에는 가부장 중심의 가정이 일반적이라는 전제가 깔려 있다. 한 남자를 해고하면 그 가정을 구성하는 네 사람이 먹고살기 힘들어진다 생각하기 때문에, 여자를 자르는 게 마음의 가책을 덜 느끼고 자연스러운 것이다.

현실은 어떨까? 여자가 결혼을 안 하고 싱글인 경우 일자리를 구하기가 더 어렵고, 더 박봉으로 일해야 할 가능성이 높다. 거기다 연고 없이 혼자 살 경우, 일자리를 잃어 벌지 못하면 '생존'을 위협받는다. 모두들 이 사실은 간과한다. 그래서 싱글 여자는 해고되기 쉽다. 그렇다면 결혼한 여자는 아닐까? 결혼한 여자는 남편이 돈을 벌 것이라는 전제로 또 해고당하기 쉽다. 여자는 이러나저러나 해고당하기 쉬운 대상인 것이다.

사회 인식 중에 해고당하면 실패자라는 낙인이 찍히는 문제도 있다. 사람들은 타인의 일을 깊이 생각하지 않는다. 주변에서 해고당하는 사람이 생기면 일을 못해서 잘렸을 거라 쉽게 생각한다. 나조차도 그랬으니 말이다. 특히 업계가 이직률이 적거나, 한번 입사하면 안정적으로 한 회사를 오래 다니는 산업일수록 이런 낙인은 더 깊어진다.

대학에서 건축학 설계수업은 18학점 중 12학점을 차지하는 큰 과목이었다. 이 과목의 성패가 나의 대학생활 성패를 좌우하는 것만 같았다. 수강 시간표상 일주일에 12시간이지만 그 수업을 듣기 위해 매주 2회씩 내야 하는 과제는 양이 방대해 언제나 48시간도 모자랐다. 자연스럽게 신입생들은 건축 설계수업에 올인하게 되는데, 그걸 본 과선배가 해준 말이 있었다. 설계에 절대 다 쏟아붓지 말고 7:3 정도의 비율로 노력하라는 것이었다. 아무리 애를 써도 상대평가인 설계수업에서 모두 A+를 받을 수는 없으니 누군가는 당연히 낮은 점수를 받는다. 완전히 올인했는데 만약 낮은 점수를 받으면 다시 일어날 힘이 없다는 것이다. 설계 점수는 좀 낮게 받아도 상대적으로 적은 노력으로 좋은 점수를 받을 수 있는 다른 과목의 성적이 좋으면 그 힘으로 버틸 수 있으니 노력을 안배하라는 뜻이었다. 처음 들었을 때는 그게 마음처럼 되나 싶었다. 얼마 가지 않아 설계수업을 한두 학기 듣다보니 선배가 해준 말이 진리구나를 뼈저리게 느끼게 되었다.

마찬가지로 회사생활을 하면서 열심히 일하는 건 좋다. 하지만 여가시간, 사랑하는 사람과 보내는 시간 등을 희생하지 않길 바란다. 야근이 너무 많으면 주말이라도 온전히 자신만의 시간을 가져야 하며, 매일 출근해야 한다면 하루에 30분이라도 짬을 내야 한다. 가능하다면 회사 밖의 이슈에도 관심을 가지고, 회사 밖의 사람도 만나야 한다. 그래야 회사라는 울타리가 없어졌을 때 현실감각을 가지고 새로운 울타리를 찾아 나설 수 있다.

과거와 달리 '평생직장'이라는 개념이 사라졌고, 우리의 수명은 길어지고 있다. 미국에서는 평생 동안 가지는 직업이 평균 여덟아홉 번 바뀌고, 우리나라도 평균 두세 번에서 그 수가 점점 늘어나고 있는 추세다. 10여 년 전만 해도 이혼하면 감추기 급급하고 이혼 자체가 허물이 되던 시절이 있었다. 지금은 어떤가. 주변에 누군가가 이혼을 한다고 해도 쉽게 받아들이는 분위기가 됐다. 회사를 옮기고 퇴사하는 것도 마찬가지다. 심지어 요즘에는 회사를 그만두는 게 '멋지고, 용감한 일'이라고 받아들인다. 그만큼 많이 변했다.

내 발로 걸어 나오는 퇴사야 당연히 멋짐 뿜뿜이겠지만 원치 않는 퇴사에는 어떻게 대처해야 할까. 해당 퇴사가 정당한 절차에 따르거나 인격적인 대우 아래 행해졌는지 확인해보자. 회사의 일방적인 퇴사는 결코 당연한 것이 아니다. 어떤 회사는 구조조정 대상자가 이직할 회사를 헤드헌터에 의뢰해 알아봐주거나 원하는 직업교육을 받을 수 있도록 했다. 특히 여럿이 해고되는 구조조정의 경우, 회사 내뿐만 아니라 업계 내에서 손을 잡고 사회적 연대로 극복하기도 한다. 회사 내에 노동조합이 있다면 회사와 협상할 수 있는 여지가 충분히 있다. 일방적으로 쫓겨나지 않도록 직원들의 권리를 대변하는 것이 노조의 역할이기 때문이다. 문제는 우리나라엔 노조가 없는 회사가 더 많다는 것인데, 다행히 우리나라 법률 원칙상 해고가 쉽지 않도록 만들어졌다. 정당한 사유 없이 해고하는 것은 불법이다. 부당해고는 아닌지, 유예기간은 있는지, 위로 및 퇴직금, 실업급여는 받을 수 있는지, 필요하면 노무사와의 상담이나 고용노동부 상담센터 등을 통해 꼼꼼히 따져야 한다. 해고 문제에 평소에 관심을 가지면 나뿐만 아니라 주변에서 일어나는 문제에도 도움이 된다. 어차피 겪어야 하는 퇴사라면 억울함 없이 나올 수 있도록 하자. 충분히 그럴 자격 있으니 말이다.

구조적인 문제 해결 다음에는 마음이 겪는 문제가 남아 있다. 이럴 땐 심리학에서 말하는 이별의 5단계가 있다.(연인 사이뿐만 아니라 모든 이별에 적용된다.) 처음엔 현실을 부정한다. 그럴 리가 없다며 받아들이지 않는다. 그다음은 분노하고, 타협하고, 우울한 감정을 느낀다. 그리고 마지막에는 수용한다. 이런 단계는 꼭 순서대로 다 나타나는 것은 아니며, 건너뛰기도 하고 한 가지 감정만 느끼는 등 사람마다 다르다. 중요한 것은 누구나 이런 감정들을 느낀다는 것이고, 퇴사도 사람과의 이별처럼 이런 5단계의 감정을 똑바로 인지하고 충분히 느끼고 받아들여야만 치유된다는 것이다.

한때는 나도 '난 똑똑하니까' '난 꼭 필요한 인력이니까' 절대로 잘리지 않을 거라 생각했던 적도 있다. 정말 크나큰 착각이었다. 개인의 문제나 의지를 떠나서 상황이 변하면 또 어떻게 달라질지 아무도 모르는 것이 미래다. 언젠가 막연히 떠날 것이라고 생각했던 회사를 더 빨리 떠날 수도 있다. 그게 나의 의지라면 좋겠지만 타인의 의지로 그런 일이 벌어질 수도 있다. 마음의 준비가 필요하다고 생각한다. 회사를 다니고 있다면 해고는 남의 일이 아니라는 사실, 잊지 말자.

Q25 회사를 잘 그만두고 싶은데 방법이 있을까요?

팟캐스트 107화

현명하게 퇴사하는 법

_김부장

비단 직장생활에만 해당하는 이야기는 아니겠지만 시작만큼이나 중요한 마무리, 어쩌면 입사보다 더 중요할 수도 있는 퇴사 문제에 대한 사연이 도착했다. 고민인즉슨 어떻게 하면 잘 퇴사할 수 있을지, 언니들에게 조언을 듣고 싶다는 내용이었다.

“주변에서 다들 대기업이며 공기업, 공무원을 준비하고 들어가는 동안, 저는 중소기업에서 빠르게 경력을 채운 후 석사 유학을 가겠다는 계획이 있었어요. 그래서 학부생 때부터 취업 준비를 열심히 해서 석사가 아님에도 졸업 후 바로 연구직으로 일을 시작할 수 있었습니다. 그리고 최근에 감사하게도 제가 가장 가고 싶었던 외국 대학교에서 입학 허가를 받았죠. 차근차근 준비해서 8개월 후에 유학생활을 시작할 예정인데 이 소식을 회사에 알리는 것이 걱정입니다. 마음 같아선 당장 퇴사하고 싶지만 어차피 그만둬도 COVID-19 때문에 돌아다니지도 못하니 좀더 참고 일해보려고 합니다.

일단 퇴사를 알릴 때 어느 선까지 말씀드려야 할지 걱정됩니다. 상사들이 너무 싫어서 자세히 말하고 싶지도 않고 그냥 대충 둘러대고 싶기도 한데, 혹시 다시 한국으로 돌아올 수도 있으니까요. 세상일은 모르는 것이니 마무리는 그래도 좋게 하고 싶어요. 회사에 어떻게 이야기하는 게 최선일까요? 다 가르치고 키워놨더니 떠나느냐, 하고 소리칠 상사의 모습이 벌써부터 눈앞에 훤하네요. 〈언슬조〉 언니들. 혹시 더 좋은 방법이 있다면 알려주세요. 감사합니다."

음… 나는 언제 어떤 식으로 퇴사 의사를 전달했더라? 사실 나도 여러 번 회사를 옮겨봤지만 그만둔다고 할 때는 언제나 만감이 교차하는 법이다. 당연히 좋았던 기억도 있고 괜히 눈물날 것 같았던 적도 있다. 시원섭섭한 마음, 약간 미안함 비스무리한 감정… 아무튼 여러 가지 감정이 교차했다. 언제 말하는 게 좋을지 타이밍도 고민이었는데, 나는 일단 이직이 정해지고 나면 중요한 문서나 짐들을 완전히 옮긴 뒤, 완벽하게 세팅을 끝내고 회사에 이야기를 꺼내는 것을 철칙으로 삼았다.

석사과정에 진학하기 위해 첫 직장에서 퇴사했을 때는 회사에 이야기를 꺼내고 인수인계를 하면서 2주 정도 후에 완전히 그만둔 것으로 기억한다. 90년대 국내 기업에 지금처럼 one month notice(퇴사 의사를 전한 후 한 달 뒤에 공식적으로 퇴사하는 규정)니 뭐니 하는 제도가 없었으니 그냥 당당하게 "저 대학원 진학하느라 회사 그만둡니다"라고 했던 것 같다.

대학원을 졸업하고 금융업계에서 일을 시작하게 된 2000년대에 들어서며 특히 외국계 금융회사에서 one month notice가 조금씩 정착되기 시작했다. 이직 후 다음 회사에 입사하기까지 최소 한 달의 시간을 갖도록 조항을 걸었다. 직급이나 회사에 따라 3개월 동안 다음 회사에 입사할 수 없는 경우도 있었다. 하지만 실제로는 당장 다음날부터 출근하지 않아도 되는 경우가 많았다. 어차피 경쟁사로 가는 마당에 빨리 일하지 못하도록 방해(?)하기 위해 조항을 걸어놓지만, 사실 회사의 중요한 정보라도 빼내 갈까봐 내리는 조치였다. 외국계 금융사는 정보 유출에 굉장히 신경을 많이 썼고 국내 회사들도 10여 년 전부터는 이런 부분에 매우 조심하는 눈치다.

우리의 프로 이직러 이과장은 어땠을까. 회사에 시원하게 사표를 날리며 나가리라 평소 생각했지만, 막상 첫 직장에서 퇴사할 때의 현실은 '퇴사 이야기를 아침에 해야 되나? 아니면 점심 먹고 해야 되나? 아니면 퇴근 전에 해야 되나?' 이것부터 고민이 되었다고 한다. 아침에 얼굴 보자마자 그만둔다고 하면 하루를 망치겠지, 점심 먹고 좀 졸릴 때 하면 괜찮을까, 저녁 때 집에 가는데 말하면 그 사람의 저녁을 망치지 않을까? 결국 종일 다람쥐 쳇바퀴 돌듯 같은 고민을 하다가 며칠을 훌쩍 넘겼다. 그런데 보통 새 사람을 받는 회사 쪽에서는 무조건 빨리 와달라고 하니, 원래 직장에 하루라도 빨리 말해야 휴가라도 더 쓰고 좀 편안한 상태에서 새로운 일을 시작할 수 있다. 그래서 눈 딱 감고 시간이 촉박하다 이야기했고 신속하게 회사를 나왔다.

보통의 한국 기업이라면 최대한 빨리 인수인계를 하고 떠나야 이직이나 대학원 진학이 순조롭다. 그러니 결심한 순간 되도록 빨리 퇴사 의사를 밝히고 회사를 나오는 게 가장 좋다. 어떻게 이야기를 꺼내야 하나 질질 끌다가 쉬지도 못하고 새로운 일이나 학업을 시작하는 일은 없어야겠다. 설령 새로운 회사 출근이나 학기 시작 전까지 여유가 있더라도, 있는 그대로 말하는 것은 피하자. 작은 기업의 경우에는 일할 사람이 아쉬우니 되도록 오래 붙잡아두려고 할 것이다. 어영부영하다보면 괜히 일만 더 하게 되니까 그만둘 시기를 정확히 표현하는 편이 좋다.

대부분 퇴사 이유를 어떻게 말해야 할지 고민이 될 텐데, 되도록 투명하게 오픈하는 게 좋다. 만약 이직을 한다면 굳이 이직하는 회사명까지 세세하게 다 밝힐 필요는 없다. 하지만 좋은 기회가 있어서 다른 회사로 이직한다, 정도로는 이야기하는 게 좋다. 학업을 위해 퇴사한다면 솔직하게 나는 이런 꿈이 있었고, 이게 너무 하고 싶었다는 내용 위주로 투명하게 이야기하는 게 좋다. 회사에서야 좋은 직원과 오래 일하고 싶겠지만, 10년을 공들여 투자한 것도 아니지 않나. 물론 짧은 기간 동안이라도 엄청난 기대를 했다면 당연히 섭섭한 마음이 들 수도 있을 것이다. 그러나 아무리 그래도 '너는 배신자다'라는 식으로 생각하는 회사는 드물다.

투명하게 이야기하라는 이유는 세상이 생각보다 훨씬 좁고 정보기술의 발달로 개인에 대한 평판조회가 점점 쉬워진다는 점 때문이다. 좋은 의도건 나쁜 의도건 퇴직할 때 사실과 동떨어진 말을 하면 점점 쌓이다못해, 나중에는 꼬이고 꼬여 수습이 안 될 수도 있다는 점을 명심하면 좋겠다. 어릴 때는 잘 와닿지 않겠지만 세월이 지날수록 이런 부분이 점점 중요하다는 것을 느끼게 될 것이다.

Q26 회사에서 계속 일하는 게 맞을지, 퇴사하고 다른 길을 찾아봐야 할지 모르겠어요

팟캐스트 152화

회사 안에서든 밖에서든 '내 일' 하기

_박사원

요즘, 퇴사가 트렌드다. 모두가 퇴사를 말한다. 2021년 8월 현재 네이버 책에서 '퇴사'로 검색을 하면 2,013건의 도서가 나온다. 프리랜서 마켓 '크몽'에서 '퇴사'로 검색을 하면 350건의 서비스가 나온다. '퇴사를 고민하는 당신을 위한 안내서' '퇴근증후근 극복하고 현명하게 퇴사하기' 등. 오죽하면 "안녕히 계세요 여러분~"으로 시작하는 애니메이션 〈이누야사〉의 10초 남짓한 영상이 퇴사짤로 350만 조회수를 기록했을까.

제약회사 사원으로 입사해 최연소 본부장까지 단 김희진 코치. 그런 그도 지금은 퇴사해 '커리어 디벨로퍼'로 활동하고 있다. 정말 모든 입사의 끝은 퇴사일 수밖에 없을까? 6년 전에 첫 '퇴사'를 겪어본 내가 김희진 코치의 스토리를 들으며 공감했던 점은 자신에 대한 성찰이었다. 성찰의 결과, 퇴사가 자연스럽게 도출된 것이지 퇴사라는 결정을 먼저 내리고 하고 싶은 일을 찾은 게 아니었다.

“저는 사람이 어떤 원리로 성장하는지 파악하고, 그 사람의 강점이 어떤 상황에서 잘 발현되는지 알려주는 일을 잘했어요. 그런데 본부장은 완전 성질이 다르더라구요. 평가자의 역할이었어요. 그게 나쁘다는 게 아니라 저한테 맞지 않았던 거죠. ‘이게 내 일을 가장 잘하는 방식인가?’라는 의문이 들었어요.

그러다 결국 퇴사했는데 내가 잘나서라기보다 ‘내 능력치가 여기까지구나’라는 걸 깨닫게 됐거든요. 이제 나를 펼칠 수 있는 다른 일을 해야겠다는 생각이 들었어요. 본부장으로 일하면서 발휘됐던 장점을 살펴보며 하고 싶은 일을 뽑아보니 여덟 가지 정도 나오더라고요. 관심 있던 것을 경험하고 배워보면서 아닌 것을 하나씩 지워갔어요. 그러고 보니 내가 조직에서 가장 잘했던 게 헤드헌팅과 교육이었어요. 개개인이 가진 고유함과 개성을 강점으로 인식할 수 있도록 바꿔주는 작업이었죠. 돈이 되고 안 되고를 떠나서 그 일이 두렵지 않았어요.”

김희진 코치는 '강점코칭'을 하기 위해 퇴사를 결심했다. 자신이 가장 잘하는 일이었고, 그 일을 하려면 독립해야 했기 때문이다. 퇴사라는 답을 미리 정해놓고 할일을 찾은 게 아니었다. 무작정 퇴사하면 안 된다는 얘기를 하려는 게 아니다. '회사에 남을까, 퇴사할까'보다 중요한 것은 '나는 어떤 사람인가'에 대한 고민이다. 나 또한 고민의 시간을 거쳐 개개인의 자율성과 의사결정 권한이 크고, 유연하게 소통할 수 있는 환경에서 일을 더 잘한다는 걸 알았다. 그래서 대기업을 퇴사하고 스타트업에 조인했고, 일하면서 판매자나 경영자보다는 창작자의 일이 더 잘 맞는다는 것을 깨달았다. 그 깨달음을 발판으로 UX디자이너가 되었다. '유망직종이라서' '페이가 좋아서'가 아니라. 나를 찾는 과정에서 자연스럽게 퇴사와 직무전환이라는 선택을 했을 뿐이다.

결국 중요한 것은 '회사 안이냐 밖이냐'의 문제가 아니라 '어떤 종류의 자유가 중요한가' '무슨 일을 얼마나 오랫동안 하고 싶은가' 등과 같은 질문에 답을 갖고 있느냐다. 특히 자유라 하면 막연히 회사 밖을 생각하기 쉽지만, 김희진 코치는 자유에 세 가지 종류가 있다고 말한다. 경제적 자유, 시간적 자유, 관계적 자유가 그것이다. 사람마다 자유의 우선순위가 다르고, 이 자유를 이룰 수 있는 환경 또한 다를 것이다. 자신이 중요시하는 자유를 이룰 수 있는 곳이 회사 안을 가리킨다면 그게 맞고, 아니라면 그것도 맞다.

그렇다면 우리는 어떻게 자신을 더 잘 알 수 있을까? 김희진 코치는 자기의 강점이 무엇인지 정기적으로 회상하는 작업을 통해 스스로에 대한 확신을 갖게 됐다. 조직 안에서도 '지금 이 자리에 올 수 있었던 게 나의 어떤 특성 덕분이었지?'라는 질문을 자신에게 자주 던져서 스스로를 잃지 않을 수 있었다. 또한 지인, 동료, 팀장들에게 '제 어떤 면을 보고 저와 같이 일하세요?"라고 물으며 적극적으로 피드백을 요청했다. 그리고 자신이 성과를 낼 수 있었던 핵심 역량을 구체적으로 표현하고 기록해두었다.

설사 나의 강점을 안다 하더라도 그게 어떻게 발휘될 수 있을지 감이 잘 오지 않을 수 있다. 내 강점을 지금의 업무 범위 안에서 풀어낼 수 있다면 가장 좋겠지만, 그게 아니라면 강점과 좀더 맞닿아 있는 다른 기회를 만들어보는 것도 방법이다. 예를 들면 내가 있던 마케팅팀의 S는 평소 방송, 미디어에 관심이 많았다. 하지만 회사 생활만 10년을 넘게 한 S가 갑자기 아나운서나 인플루언서가 되기란 쉽지 않은 일이었다. 마침 팀에서 마케팅 채널 다각화를 모색하던 중, S는 본인의 관심 분야를 접목해 마케팅 웨비나(SNS 라이브)란 아이디어를 제시했다. 지금만큼 라이브 방송이 보편화되지 않았던 때인데, 진행자를 자처한 S는 방송에서 평소 눌러뒀던 끼를 뽐내며 역할을 톡톡히 해냈다. 뿐만 아니라 더 넓은 잠재고객군에 닿고자 하는 회사의 니즈와도 부합해 좋은 반응을 얻었다.

물론, 회사문화나 조직 성격에 따라 이런 시도를 해보는 게 어려울 수도 있다. 그렇다면 사이드 프로젝트나 스터디를 통해 회사 밖에서 본인의 아이디어를 테스트해보는 것도 가능하다. 아직 해외영업팀에 있을 때, 나는 UX디자인에 관심이 있었고 앱서비스를 직접 만들어보고 싶었다. 그래서 친구들과 몇 달 동안 주말을 할애해 시장조사, 유저 인터뷰부터 직접 발로 뛰며 펫시터 앱을 만들어본 적이 있다. 결과만 보면 실패였다. 프로젝트는 중간에 와해됐고 앱은 미완성으로 끝났다. 하지만 상상만 하던 것에서 나아가 직접 서비스를 기획하고 디자인하며 내가 이 일을 잘할 수 있을지 가늠해볼 수 있는 중요한 경험이었다.

당장 내일의 변화도 예측하기 어려운 시대에 사는 우리는 참 혼란스럽다. 그럴수록 자꾸 밖으로 눈을 돌리게 되고 요즘 뜬다는 것, 핫한 것에 귀가 쫑긋한다. 누구는 프리랜서로 월 1,000만 원을 벌었다는데, 누구는 팀장을 달았다는데, 커피 심부름이나 하는 나를 보면 '현타'가 오기도 한다. 시중에 넘치는 커리어 강의와 콘텐츠는 마치 나만 뒤떨어진 것처럼 조급하게 한다.

혼란이라는 탈을 걷어보면 그 안에 자리잡고 있는 것은 사실 불안이 아닐까. 본능은 생각보다 똑똑해서 우리는 이미 답을 알고 있을지도 모른다. 단지 그게 답이 맞다고 확인시켜줄 단서를 기다리고 있을 뿐일지도. 매번 불안의 바람이 불 때마다 흔들리기보다는 내 안으로 더 단단하게 뿌리를 내렸으면 좋겠다. 내가 지키고 싶은 것, 책임지고 싶은 것, 희생할 수 있는 것은 무엇인지. 그들 간 최적의 비율은 무엇일지. 2그램 더하고 1그램 빼는 식으로 조금씩, 그러나 언젠가는 나만의 최적의 조합을 찾아 나의 일을 무럭무럭 키울 수 있는 토양을 만들길 바란다. 그곳이 회사 안이든 밖이든, 어디가 됐든.

언니들의 한마디

박사원 신입사원 때 팀장님이 책을 한 권 주신 적이 있다. 제목은 『직장생활 잘하는 법』. 설레는 마음으로 책을 열었는데, '인사 잘하는 법' 'TPO에 맞는 복장 입는 법' 등 실망스러운 목차를 보고 덮었던 기억이 난다. 과연 인사를 잘한다고 직장생활이 더 행복해질까? 그때의 나에게로 돌아가서 손에 들려주고 싶은 책을 쓰겠다는 마음으로 글을 썼다. 한 번쯤은 누군가에게 물어보고 싶었지만, 마땅히 물어볼 곳이 없었던 질문들. '사랑받는 직원'이 되기 위해서가 아니라 '내가 행복하기 위해' 내린 선택들을 회고하며 답을 했다. 우리 〈언슬조〉는 직장인들의 '호밀밭의 파수꾼'이 되고 싶은 것 같다. 얼마 전, 한 사연자가 이런 메일을 보내왔다. "〈언슬조〉가 우울의 벼랑에 서 있던 한 사람을 구해주는 안전장치와 같은 역할을 했다는 걸 알아주시면 좋겠어요." 우리는 모두 어른이지만, 직장생활이라는 '호밀밭'에서는 '열심'이라는 순수한 마음에 아이처럼 발을 헛딛기도 하지 않은가. 떨어진다고 믿었던 순간에 손을 잡아주는 여섯 명의 파수꾼, 그 여성들이 〈언슬조〉였으면 한다.

문대리 〈언슬조〉 팟캐스트를 하지 않았다면 몰랐을, '여자' '조직'을 관통하는 '잘난년들이 활개 칠 수 없게 만드는' 이유가 분명히 존재한다. 많은 언슬러(청취자)분들과 함께 여자에게 씌워진 사회적 통념과 틀을 타파해왔다고 자부한다. 하지만 아직도 많은 여자들이 그 틀에 갇혀 있다. 내가 〈언슬조〉를 하면서 도움을 받고 성장했듯이 더 많은 조직 속의 여자들이 사회가 정해놓은 틀을 깨고 나와 활개 치기를 바라는 마음에서 책을 썼고 그 마음이 전해지길 바란다.

이과장 "가장 개인적인 것이 가장 보편적이다"라는 말을 잘 표현한 것이 〈언슬조〉와 언슬러가 함께한 여정일 것이다. 이렇게 긴 시간 동행할 수 있었던 것은 일하는 여성들의 이야기에 갈증을 느꼈다는 방증이기도 할 테다. 그런 의미에서 이 책을 읽은 여러분의 조직 속 고군분투 이야기 역시 누군가에게는 롤모델의 이야기가 될 수도 있다. 부디 이 책을 덮는 순간 일하는 여성들이 절대 혼자가 아니라는 사실을 느끼며 포기하지 말고, 랜선 언니들 〈언슬조〉와 함께 자신의 다음 챕터를 슬기롭게 만들어나가길 바란다.

신차장 〈언슬조〉를 하면서 참 많은 분들과 인연이 닿았다. 누가 여자들은 진지하게 일하지 않는다고 했나? 내가 만난 그분들은 모두 열정적이었고 무거운 책임감을 이겨내고 있었으며 자신들의 이야기를 나누고 싶어했다. 그분들 덕분에 〈언슬조〉가 여기까지 올 수 있었던 것 같다. 아무쪼록 독자분들이 이 책을 마음껏 물고 뜯으며 즐겨주셨으면 좋겠다. 이건 우리 모두의 이야기니까. 그리고 이 책의 이야기를 자양분

삼아 더 크고 신나게 활개 치시길!

김부장 우리 팟캐스트가 지속될 수 있었던 가장 큰 원천은 그 무엇보다 그동안 우리와 연대해준 각계각층의 여성과 남성 언슬러들이다. 집단지성의 힘을 강하게 믿는 나에게 많은 이들의 응원과 연대는 힘들 때마다 큰 힘이 되었다. 아무런 관련이 없는 언슬러들끼리 서로에게 충고하고 위로하고 기뻐하고 슬퍼하는 것을 보면서 방송을 시작할 때 이야기했던 롤모델은 바로 이거다, 라는 생각에 괜히 어깨가 으쓱했다. 〈언슬조〉 팟캐스트가 아니었다면 내가 깨닫지 못했을 많은 것들에 감사한 마음이고, 〈언슬조〉에 사연을 보내면 잘된다는 신화를 이어가기 위해 다음 시즌도 준비하련다.

박PD 프리랜서로서 직장인들과 함께 일해본 경험은 값진 것이었다. 수많은 직장인들의 사연을 받고 같이 울고 웃으며 꼬박꼬박 월급 받기란 쉬운 게 아니구나 하는 걸 느꼈다. 나는 이 책에 담긴 노하우가 멤버들뿐 아니라 연륜 있는 직장인들의 고민과 성찰에서 나왔다는 사실이 자랑스럽다. 특히 이 책에 풍부한 사연과 인사이트를 제공해주신 '막내사원' '하니' '학생' '지성인' '지원자' '김여사' 님, 김희진 코치님께 깊이 감사드린다.

회사에서 나만 그래?

초판 1쇄 인쇄 2021년 8월 27일
초판 1쇄 발행 2021년 9월 1일

지은이 언니들의 슬기로운 조직생활
편집인 배윤영

디자인 송윤형
마케팅 정민호 이숙재 우상욱 정경주
홍보 김희숙 함유지 김현지 이소정 이미희 박지원
제작 강신은 김동욱 임현식

펴낸곳 (주)문학동네
펴낸이 염현숙
출판등록 1993년 10월 22일 제406-2003-000045호
임프린트 콜라주

주소 10881 경기도 파주시 회동길 210
문의전화 031) 955-3578(마케팅), 031) 955-1933(편집)
팩스 031) 955-8855
전자우편 collage@munhak.com

ISBN 978-89-546-8192-6 03190

www.munhak.com